Mit kulinarischen Grüßen

Patrick Coudert

208

Patrick Coudert

Exquisite Sternerezepte

Patrick Couderts **Köstlichkeiten**

Kochen aus Leidenschaft mit viel Freude am Neuen und Begeisterung an höchster Qualität vermittelt der Sterne-koch Patrick Coudert seit Jahren in seinen Kochstudios.

In diesem Buch stellt Patrick Coudert über 80 seiner Gourmetrezepte vor. Überraschend und simpel zugleich verspricht jedes Gericht auf seine Art ein Geschmacks-erlebnis zu werden.

Springt der Funke einmal über, werden auch Sie kaum mehr zu halten sein und zaubern exquisite Sterne-menues aus Ihrer Kochmütze.

Lassen Sie sich inspirieren und verwöhnenen Sie sich und Ihre Gäste.

Patrick Coudert

Orangen Salat

an Seeteufel-Gemüsetatar

Zutaten für 4 Personen

2 Limetten
2 Orangen
1 kleiner Kohlrabi
1 Karotte
1 kleine Zucchini
1 kleines Stück Ingwer
100 g Seeteufelmedaillons
4 EL Olivenöl
2 EL Weißweinessig
1 kleine Schote frischen Chili
1 TL geröstete Sesam-Samen
Salz und Pfeffer
frische Minze

Zubereitung

Kohlrabi und Karotte schälen und mit der Zucchini in feine Brunoise schneiden, aber getrennt lassen.
Die Brunoise jeweils in kochendem Salzwasser kurz blanchieren. Mit kalten Wasser abschrecken und abtropfen lassen.
Orangen filetieren und die Limetten auspressen.

Die Marinade zubereiten. Dazu Olivenöl mit Weißweinessig, Salz, Peffer, gehackten Ingwer, fein gehackte Chilischote und die gerösteten Sesamsamen miteinander verrühren.

Den Seeteufel in feine Würfel schneiden und zusammen mit der Gemüsebrunoise marinieren lassen.

Die Orangenfilets auf großen Tellern sternförmig anrichten.
Das Seeteufel-Gemüsetatar in kleine Förmchen oder in Espressotassen drücken und vorsichtig auf die Teller stürzen.
Mit frischer Minze dekorieren.

Alternativ zu Seeteufel passt auch sehr gut geräuchter Lachs, Nordseekrabben oder Shrimps.

Wildlachsfilet

mit Kohlrabi-Thymian-Gemüse

Zutaten für 4 Personen

4 Filets vom Wildlachs à 140 g
2 Kohlrabi
2 Schalotten
1 Knoblauchzehe
1/2 TL Kurkumapulver
3 Thymianzweige
100 ml Fischfond
150 ml Sahne
Olivenöl zum Anbraten
Salz und Pfeffer

Zubereitung

Kohlrabi schälen und in etwa 1 cm große Würfel schneiden.
Schalotten und Knoblauch hacken.
In einer beschichteten Pfanne Olivenöl erhitzen. Die Schalotten mit dem Knoblauch darin anschwitzen.
Kohlrabiwürfel, Kurkuma und 2 Thymianzweige dazugeben und kurz mit anbraten.
Mit Fischfond ablöschen und ca. 3 Minuten köcheln lassen.
Zum Schluss die Sahne zugeben. Mit Salz und Pfeffer abschmecken und ganz leise etwas einköcheln lassen.

Die Lachsfilets salzen und in einer beschichteten Pfanne zusammen mit dem Thymianzweig in Olivenöl anbraten.

Kohlrabigemüse auf vorgewärmte Teller verteilen. Die Lachsfilets daraufgeben und mit ein paar frischen Thymianblättchen garnieren.

Zutaten für 4 Personen

1 Kalbsfilet
1 Bund Brunnenkresse (ein paar Zweige als Dekoration aufbewahren)
2 EL gehäutete Schalotten
4 EL Weißwein
2 EL Cognac
100 ml Kalbsfond
200 ml Sahne
2 EL Butter
Pflanzenöl zum Anbraten
Salz und Pfeffer aus der Mühle

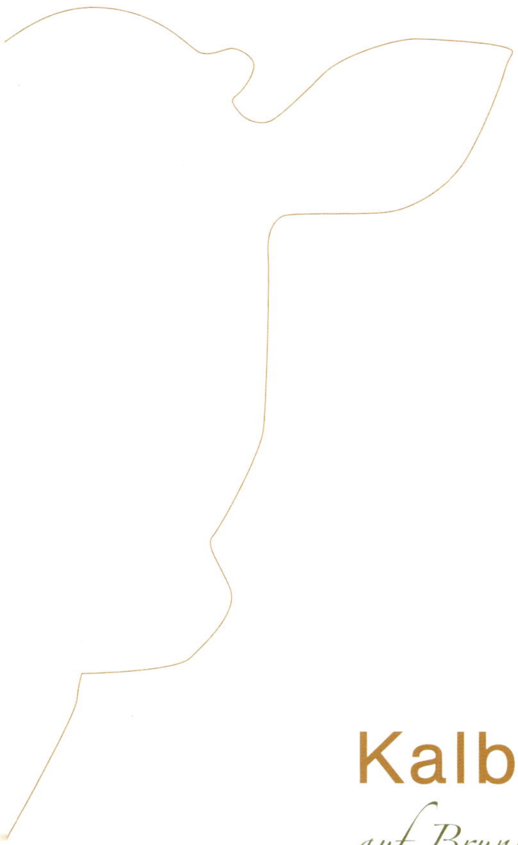

Kalbsfilet

auf Brunnenkresse-Schaum

Zubereitung

Kalbsfilet von Fett und Sehnen befreien und mit Salz und Pfeffer würzen.
Öl in eine Pfanne geben und das Filet auf jeder Seite 3 Minuten anbraten.
Danach in Alufolie verpacken und im vorgeheizten Ofen 20 Minuten bei 100 °C ziehen lassen.
Das Bratfett abschütten.
Die Schalotten in die Pfanne geben, kurz glasig werden lassen und mit Weißwein und Cognac ablöschen.
Kalbsfond dazugeben und langsam köcheln lassen.

Brunnenkresse waschen, die Stiele entfernen und im Mixer zusammen mit der Sahne pürieren.
Durch ein Sieb über den Kalbsfond geben.
Etwa 5 Minuten zusammen kochen bis eine schön homogene Sauce entsteht.
Die Butter dazugeben und die Sauce mit dem Passierstab schaumig aufschlagen.

Das Kalbsfilet in schöne dünne Scheiben schneiden.

Den Brunnenkresse-Schaum als Spiegel auf vorgewärmte Teller verteilen und das Kalbsfilet daraufgeben.
Mit den Kressezweigen garnieren.

Babyananas

auf Grand Marnier Honigsauce

Zutaten für 4 Personen

2 Babyananas
100 g Tannenhonig
250 ml flüssige Sahne
5 Eigelb
40 g Zucker
100 ml Grand Marnier
200 g Schlagsahne

frische Minzblätter und Erdbeeren zum Dekorieren

Zubereitung

Die Ananas schälen. Den Strunk ausstechen und die Früchte in 5 mm dicke Scheiben schneiden.

Honig und Sahne aufkochen. Das Eigelb und den Zucker in einer Metallschüssel schaumig schlagen.
Nach und nach die kochendheiße Sahne unter ständigem Schlagen zugeben.

Die Schüssel dann auf ein heißes Wasserbad setzen und die Masse bis zur Rose aufschlagen.
Dann vom Wasserbad nehmen und abkühlen lassen.
Grand Marnier zugeben und die geschlagene Sahne vorsichtig unterheben.

Die Honigsahne-Sauce auf Teller verteilen und die Ananasscheiben darauf anrichten.
Dekoriert wird mit Erdbeeren und frischen Minzblättern.

Zutaten für 4 Personen

Ruccolasalat
Spinatsalat
Kräuter aus dem Garten wie zum Beispiel Basilikum,
Petersilie, Kerbel usw.
3 EL Olivenöl
2 EL Weißweinessig
1 TL scharfer Senf
Salz und Pfeffer
400 g Wildlachsfilet
Kirschtomaten zum Dekorieren

Salat von jungem Ruccola

mit Spinat, Kräutern und kross gebratenem Wildlachs

Zubereitung

Den Salat und die Kräuter waschen und trocknen.
Eine Vinaigrette aus Weißweinessig, Öl, Salz, Pfeffer und dem Senf zubereiten.

Das Wildlachsfilet in etwa 3 cm große Würfel schneiden. Salzen und pfeffern.
Mit etwas Chili-Sauce beträufeln und in einer beschichteten Pfanne in Olivenöl scharf anbraten.

Salat auf den Tellern anrichten. Mit der Vinaigrette beträufeln. Die Wildlachswürfel daraufgeben und mit den Kirschtomaten garnieren.

Zackenbarsch

in Safran-Fenchel Sud

Zubereitung

Die Butter in einem Topf schmelzen und die Schalottenwürfel darin glasig anschwitzen.
Den in kleine Würfel geschnittenen Fenchel zugeben. Ebenso die gehackten Knoblauchzehen und die Safranfäden.
Mit Fischfond und Noilly Prat ablöschen und 20 Minuten köcheln lassen.

In der Zwischenzeit die Fischfilets salzen und pfeffern und in Olivenöl anbraten.
Wenden und nochmal kurz anbraten. Die Filets werden dann im vorgeheizten Backofen bei 150 °C fertig gegart.
Den Fenchel-Sud durch ein Sieb streichen. Wieder in den Topf geben und auf die Hälfte einreduzieren lassen.
Kurz vor dem Servieren mit der kalten Butter aufmontieren.

Den Safran-Fenchel-Sud auf vorgewärmte Teller verteilen und die Fischfilets darauf legen.
Mit frischen Basilikumblättern garnieren.

Als Beilage im Backofen mit Olivenöl geschmortes Gemüse wie z.B. Zucchini, Auberginen und Tomaten.
Diese mit Knoblauch, Thymian, Salz und Pfeffer würzen.

Zutaten für 4 Personen

4 Stücke Zackenbarschfilet à 150 g ohne Haut
2 EL Butter
2 EL gehackte Schalotten
1 Fenchelknolle
2 Knoblauchzehen
ein paar Fäden Safran
400 ml Fischfond
6 cl Noilly Prat
2 EL kalte Butter zum Aufmontieren
Olivenöl
Salz und Pfeffer
frisches Basilikum zum Garnieren

Zartes Hirschfilet

an bunter Madeira-Pfeffer Sauce

Zutaten für 4 Personen

800 g Hirschfilet
Butter und Olivenöl
2 reife Birnen
250 ml Wildfond
200 ml Madeira
1 Becher süße Sahne
2 EL bunte Pfefferkörner
frische Thymianblättchen

Zubereitung

Hirschfilet in Medaillons schneiden.
Salzen und pfeffern und in einer Pfanne in heißem Olivenöl und Butter auf beiden Seiten kurz anbraten.
Vom Herd nehmen und zugedeckt warm halten.

Birnen schälen, entkernen und in der Pfanne kurz anbraten. Mit Madeira und Wildfond ablöschen.
Die Sauce einreduzieren und wenn nötig pürieren. Sahne und Pfefferkörner zugeben und weiter einreduzieren bis eine sämige Sauce entstanden ist.
Mit Salz und Pfeffer abschmecken. Kurz vor dem Servieren die frischen Thymianblättchen zugeben.

Die Hirschfiletmedaillons auf vorgewärmte Teller geben und mit der Sauce umziehen.

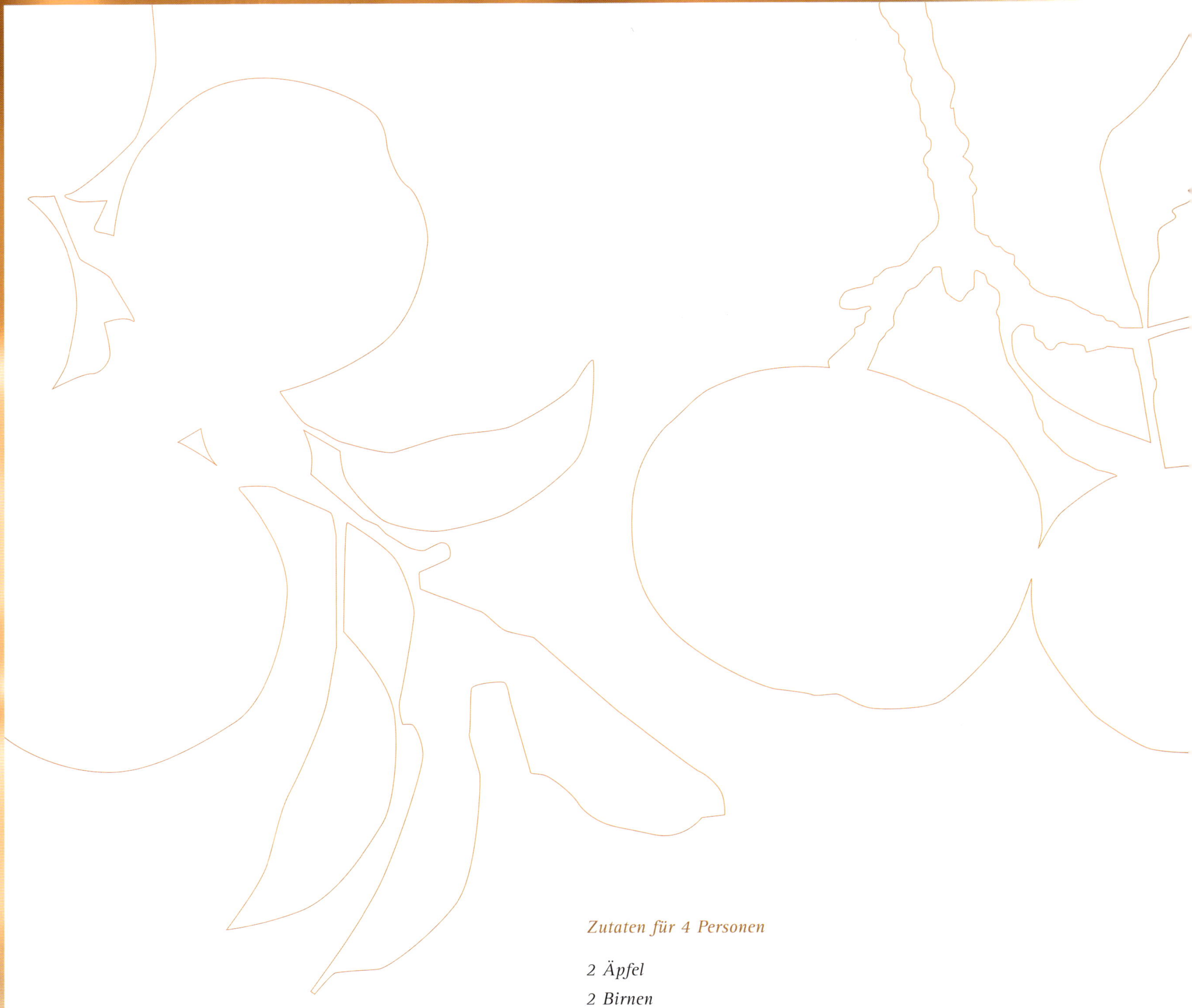

Zutaten für 4 Personen

2 Äpfel
2 Birnen
1 EL Butter
2 EL Zucker

Zutaten für Kokos-Sabayon

200 ml Kokosmilch
4 Eigelb
3 EL Zucker
2 EL Kokossirup
200 ml Weißwein
frische Pfefferminze oder Zitronenmelisse zum Garnieren

Apfel-Birnen Kompott

auf Kokos-Sabayon

Zubereitung

Äpfel und Birnen schälen und in Würfel schneiden. In den Dampfgarereinsatz geben, mit Zucker überstreuen und Butter in kleinen Flöckchen darübergeben. Die Früchte 4 Minuten bei 120 °C garen.

In der Zwischenzeit für das Sabayon alle Zutaten in eine Wasserbadschüssel geben und auf kleiner Flamme im Wasserbad aufschlagen bis eine homogene Masse entsteht. Man nennt dies zur Rose aufschlagen.

Das Kokos-Sabayon auf Teller geben. Apfel- und Birnenwürfel daraufgeben und mit frischer Pfefferminze dekorieren.

Vollkorncrêpes

mit Lachsfüllung an Dillsauce

Zutaten für 4 Personen

150 g Vollkornmehl
2 Eier
100 ml Milch
2 EL flüssige Butter
eine Prise Salz
Porree und Karottenjulienne
4 Scheiben Räucherlachs
1 Bund Dill
50 ml Fischfond
100 ml Crème fraîche
etwas Dill zum Dekorieren

Zubereitung

Für den Crêpeteig Mehl mit Eier, Milch, flüssige Butter und Salz glatt rühren.
Die Julienne kurz in Salzwasser blanchieren.

Zubereitung der Sauce

Fischfond etwas einreduzieren, Crème fraîche dazugeben und nicht mehr kochen lassen. Salzen und pfeffern.
Die Gemüsejulienne zugeben und als letztes den Dill beigeben.

Ausbacken der Crêpes

In einer beschichteten Pfanne hauchdünne Crêpes ausbacken und auf einem Teller im Backofen warm halten.
Die Crêpes mit dem Räucherlachs einrollen. Auf vorgewärmte Teller legen und mit der Dillsauce nappieren.
Mit einem schönen Dillzweig garnieren.

Kleine scharfe Bällchen vom Kalb

an lauwarmen Balsamico-Linsen

Zutaten für 4 Personen

600 g Hackfleisch vom Kalb
2 Schalotten
2 Eier
1 Semmel vom Vortag
100 ml Milch
frischer Salbei und Thymian
1 Chili-Schote
Salz und Pfeffer
2 EL Dijon-Senf

200 g Linsen am besten Puy- oder Kaviar-Linsen
4 EL Brunoise von Karotten und Lauch
2 EL Balsamico
1 TL Honig
6 EL Olivenöl
Salz und Pfeffer
grob gehackte Petersilie

Zubereitung

Die Linsen in Wasser kochen. Kurz vor dem Ende der Garzeit salzen und pfeffern.

Die Gemüsebrunoise in einer kleinen Kasserolle in etwas Olivenöl anschwitzen.
Die Semmel in lauwarmer Milch einweichen, gut ausdrücken und zu dem Kalbshack geben.
Eier, Schalottenwürfel, grob gehackte Kräuter, fein gewiegte Chili-Schote und Senf unter die Fleischmasse geben und alles gut vermengen.
Kleine Bällchen mit angefeuchten Händen formen und in heißem Olivenöl goldgelb braten.

In der Zwischenzeit die Linsen abgießen. Die Gemüsebrunoise zugeben und mit Balsamico, Honig und restlichem Olivenöl vermengen. Mit Salz und Pfeffer abschmecken. Die gehackte Petersilie zugeben.

Die Linsen auf große Teller in die Mitte geben. Die Kalbsbällchen daraufgeben und mit frischen Kräutern garnieren.

Kalbsrücken

rosa gebraten unter feiner Kräuterkruste

Zutaten für 4 Personen

4 Kalbssteaks à 150 g
0,1 l Kalbsfond
0,1 l Madeira
7 EL Butter
4 EL Olivenöl
1 EL Dijon Senf
4 EL Semmelbrösel
5 verschiedene Kräuter (Basilikum, Petersilie, Salbei, Rosmarin, Thymian)
Salz und Pfeffer

Zubereitung

Den Backofen mit Grillfunktion auf 220 °C vorheizen.
Die Butter mit dem Zauberstab schaumig schlagen.
Senf und gehackte Kräuter darunter mischen. Mit Salz und Pfeffer würzen. Zum Schluss die Semmelbrösel einarbeiten.

In einer Pfanne Olivenöl erhitzen. Die Kalbssteaks mit Salz und Pfeffer würzen und scharf von beiden Seite anbraten.
Dann aus der Pfanne nehmen.
Das Fett aus der Pfanne abgießen. Den Bratensatz mit Kalbsfond und Madeira ablöschen und einreduzieren.
Abschmecken und mit etwas Butter aufmontieren.

Die Kalbssteaks mit der Kräuterbutter betreichen und im Backofen 4 Minuten bei 220 °C übergrillen.
Mit der Sauce servieren.

Dazu passt sehr gut ein wunderschönes Gemüsepüree.

Clafoutis

aux cerises

Zubereitung

Die Kirschen waschen und entstielen. In eine Schüssel geben und mit der Hälfte des Zuckers überstreuen, vermengen und 30 Minuten ziehen lassen.

Backofen auf 180 °C vorheizen.

Eine feuerfeste Form mit etwa 24 cm Durchmesser ausbuttern.
Mehl in eine Schüssel sieben. Salz und restlichen Zucker zugeben.
Die Eier verquirlen, zugeben und gut unterrühren. Milch zugießen und nochmals gut verrühren.
Kirschen in der Form verteilen und mit dem Teig bedecken.

Im Backofen etwa 35 bis 40 Minuten goldgelb backen.
Abkühlen lassen und mit Puderzucker überstäuben.

Zutaten für 4 Personen

300 g Schwarzkirschen
50 g feiner Zucker
10 g Butter
100 g Mehl
1 Prise Salz
2 Eier
200 ml Milch
Puderzucker

Salat von Wirsingblättern

mit in Chili gewälzter Poulardenbrust und Kräutervinaigrette

Zutaten für 4 Personen

4 kleine Poulardenbrüste
etwas Chili-Pulver oder frische Chili-Schoten
8 Blätter Wirsing
Saft von einer Zitrone
3 EL Balsamico
6 EL Olivenöl
Petersilie, Basilikum und Thymian
1 TL Honig
Salz und Pfeffer
Olivenöl zum Anbraten
Kirschtomaten und glatte Petersilie zum Dekorieren

Zubereitung

Poulardenbrüste von beiden Seiten salzen, pfeffern und mit Chili würzen. In einer Pfanne das Olivenöl erhitzen und die Brüste beidseitig anbraten. Dann im Backofen 12 Minuten bei 140 °C weitergaren lassen.

In der Zwischenzeit die Wirsingblätter in Salzwasser bissfest kochen. In sehr kaltem Wasser abschrecken.

Für die Vinaigrette Zitronensaft, Balsamico, Honig, Salz, Pfeffer und Olivenöl vermischen.
Die gehackten Kräuter zugeben.

Die abgetrockneten Wirsingblätter auf die Teller verteilen und mit der Vinaigrette-Sauce beträufeln.
Die Poulardenbrust aus dem Ofen nehmen, mit einem sehr scharfen Messer schräg in dünne Scheiben schneiden und als Fächer auf die Teller legen. Mit Kirschtomaten und glatter Petersilie dekorieren.

Zutaten für 4 Personen

300 ml Fischfond oder Gemüsefond
300 ml Sahne
2 Töpfe Basilikum
2 EL Butter
2 gehackte Schalotten
2 gehackte Knoblauchzehen
Juliennestreifen von einer Karotte
und einer Stange Lauch
150 g Egerlinge oder Champignons
2 EL Olivenöl
frische Kräuter z.B. Rosmarin, Thymian, Petersilie
Salz und Pfeffer aus der Mühle

Feines Basilikum-Süppchen

mit feinen Gemüsefäden und gerösteten Egerlingen

Zubereitung

Butter in einem Topf erhitzen. Die Schalotten und Knoblauch darin glasig dünsten.
Fischfond und Sahne zugeben und zusammen etwas einköcheln lassen.
Basilikumblätter abzupfen und zur Suppe geben. Die Suppe mit einem Zauberstab pürieren und durch ein Sieb passieren. Mit Salz und Pfeffer abschmecken. Die Juliennestreifen ein paar Minuten darin ziehen lassen.

In der Zwischenzeit eine beschichtete Pfanne mit Olivenöl erhitzen. Die in Scheiben geschnittenen Pilze kross anbraten, mit Salz und Pfeffer würzen.

Die Suppe in vorgewärmte Teller geben. Die gerösteten Egerlinge daraufgeben, mit Basilikumblättchen garnieren und sofort servieren.

Seeteufel

in Kartoffelkruste

Zubereitung

Seeteufel salzen und pfeffern.
Die Kartoffeln waschen, schälen und mit der Kartoffelreibe aufreiben.
Mit Ei, Salz und Pfeffer vermischen.
Die Seeteufelmedaillons auf einer Seite mit der Kartoffelmasse bestreichen und in Olivenöl auf der Kartoffelseite scharf anbraten.
Wenden und nochmal kurz anbraten.
Die Medaillons werden dann im vorgeheizten Backofen bei 150 °C fertig gegart.

In der Zwischenzeit Butter und Schalotten ansautieren.
Senf, Cognac, Sahne und Weißwein zugeben und auf die Hälfte einreduzieren lassen.
Vom Herd ziehen und mit der Butter aufmontieren.

Die Sauce auf vorgewärmte Teller verteilen. Die Seeteufelmedaillons darauflegen.

Zutaten für 4 Personen

8 Seeteufelmedaillons à 80 g
2 EL Butter
2 Kartoffeln
2 Schalotten
1 Ei
1 EL Dijonsenf
2 cl Cognac
200 ml Sahne
200 ml Weißwein
2 EL Butter
Salz und Pfeffer
Olivenöl

Keine Angst vor großen Fischen.
So unansehnlich dieser Meeresbewohner auch sein mag, so schmackhaft ist sein festes, weißes Fleisch. Und als Filet kann dieses „Großmaul“ sowieso niemanden mehr erschrecken.
Á propos erschrecken. Da auch unter Wasser niemand die „Schönheit“ des Seeteufels zu schätzen weiß, hat sich die Natur für ihn etwas ganz besonderes ausgedacht: Eine lange „Angel“, welche durch spezielle Bakterien zum Leuchten gebracht, dem Seeteufel ahnungslose Beute direkt vor sein mächtiges Maul locken soll, sichert ihm zumindest seine Mahlzeiten.

Perlhuhnbrust

auf Portwein-Morchel Sauce

Zutaten für 4 Personen

4 Perlhuhn-Brüste
etwas Zucker
etwas Balsamico
250 ml Rotwein
500 ml Portwein
100 g getrocknete Morcheln
1 EL Butter
Olivenöl zum Anbraten
Salz und Pfeffer aus der Mühle

Zubereitung

Perlhuhnbrüste eventuell noch säubern (Federkiele usw.)
Salzen und pfeffern. In Olivenöl scharf anbraten und im Backofen
20 Minuten bei 80 °C ziehen lassen.

In der Zwischenzeit einen Topf erhitzen, Zucker hell karamellisieren, mit Balsamico
ablöschen. Rotwein und Portwein zugeben und reduzieren lassen.
Nach 10 Minuten die getrockneten Morcheln zugeben und weiterreduzieren
bis eine schöne Sauce entsteht. Vom Herd nehmen. Salzen, pfeffern und mit der Butter aufmontieren.

Die Perlhuhnbrüste auf Küchenpapier abtropfen lassen.

Die Sauce auf Teller verteilen und die Perlhuhnbrüste darauf geben.

Pastinaken Flan

mit Stremel-Lachs an leichtem Pernod-Schaum

Zutaten für 4 Personen

150 g Pastinaken
150 g Sahne
3 Eier
Salz und Pfeffer
4 Stücke Stremel-Lachs
4 cl Pernod
100 ml Weißwein
2 Eigelb

Zubereitung

Pastinaken weichkochen. Mit Sahne, Eiern, Salz und Pfeffer in den Mixer geben um eine homogene Masse zu erhalten. 4 Förmchen ausbuttern. Die Masse zu 2/3 einfüllen.
Im Wasserbad im Backofen 30 Minuten bei 200 °C garen.

In der Zwischenzeit den Stremel-Lachs auf Teller verteilen.

Für den Pernod Schaum das Eigelb mit Pernod und Weißwein mit dem Schneebesen auf geringer Hitze vorsichtig aufschlagen. Mit Salz und Pfeffer würzen.

Die Flan aus dem Ofen nehmen. Auf Teller geben und mit dem Pernod-Schaum beträufeln.
Mit frischen Kräutern dekorieren.

Statt Pastinaken kann auch Topinambur verwendet werden.

Gegrillte Dorade

mit Salbei, Tomaten und Oliven

Zubereitung

Die Tomaten unten kreuzförmig einritzen und mit kochendem Wasser überbrühen, dann abschrecken und häuten.
Tomaten halbieren. Saft und Kerne mit den Fingern ausstreifen.
Das Tomatenfleisch in größere Würfel schneiden.

Dorade kräftig mit Meersalz würzen und in einer beschichteten Pfanne in heißem Olivenöl auf beiden Seiten kross anbraten.
Dann auf ein Blech legen. Mit den Tomatenwürfeln, den klein geschnittenen Oliven, gehackten Kapern, Salbeiblättern und Thymian belegen, mit Zitronensaft und Olivenöl überträufeln.
Mit Salz und Pfeffer würzen und im Backofen mit zugeschaltetem Grill 5 Minuten grillen.

Den Fisch aus dem Ofen nehmen und auf vorgewärmten Tellern servieren.

Als Beilage empfehle ich Polenta, verfeinert mit frischen Kräutern und Butter.

Zutaten für 4 Personen

4 Doraden (küchenfertig geschuppt)
50 g schwarze Oliven ohne Kern
4 reife Fleischtomaten
1 Bund Salbei
4 Zweige Thymian
4 EL Zitronensaft
10 EL Olivenöl
20 g Kapern
grobes Meersalz und Pfeffer

Lende vom Charolais-Rind

mit Kräutern der Provence

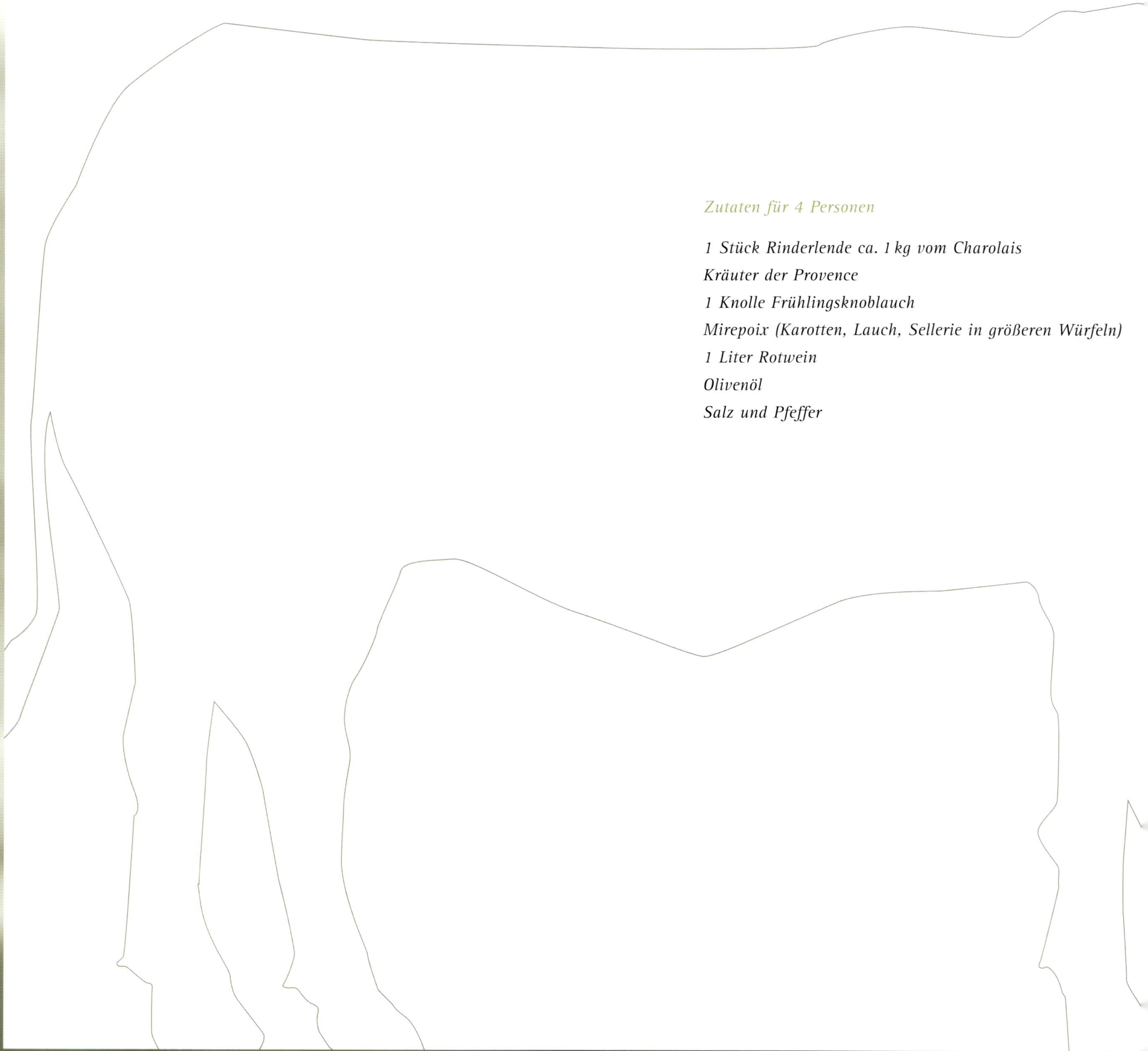

Zutaten für 4 Personen

1 Stück Rinderlende ca. 1 kg vom Charolais
Kräuter der Provence
1 Knolle Frühlingsknoblauch
Mirepoix (Karotten, Lauch, Sellerie in größeren Würfeln)
1 Liter Rotwein
Olivenöl
Salz und Pfeffer

Zubereitung

Das Fleischstück mehrmals klein einritzen und in die Einschnitte jeweils eine Knoblauchzehe einlegen. Salzen und pfeffern. Den restlichen Knoblauch mit den Kräutern, etwas Olivenöl, Salz und Pfeffer mischen. Mit dieser Kräuter-Knoblauch-Ölmischung das Fleisch gut einreiben.

Das Mirepoix zubereiten und in einem kleinen Topf mit dem Wein verrühren. Aufkochen lassen und ohne Deckel leise sprudelnd auf etwa 250 ml einkochen. Den Wein durch ein Sieb seihen und das Gemüse mit einem Stößel gut ausdrücken damit keine Geschmacksstoffe verloren gehen.

Backofen auf 200 °C vorheizen. Die Lende in einen Bräter legen, in den Ofen schieben und 10 Minuten braten. Die Hitze dann auf 180 °C verringern und nach weiteren 20 Minuten auf 160 °C verringern. Nach insgesamt 45 Minuten Garzeit den Ofen abschalten. Die Lende noch 20 Minuten in der Resthitze weitergaren.

Die Weinsauce mit Knoblauch und Kräutern verfeinern. Mit Salz und Pfeffer abschmecken.

Die Rinderlende in Scheiben schneiden und auf vorgewärmte Teller geben. Mit der Sauce nappieren.

Crème brûlée

gebrannte Crème

Zutaten für 4 Personen

0,5 l Vollmilch
0,25 l Sahne
3 Vanillestangen
2 Eier
3 Eigelb
80 g Zucker

Zubereitung

Vollmilch und Sahne zusammen in einem Topf erwärmen.
Vanillestangen der Länge nach aufschlitzen und der Milch beifügen und zum Kochen bringen.

Backofen auf 160 °C vorheizen.

Eier, Eigelb und Zucker verrühren.
Die erwärmte Milch und die Eiermasse miteinander verrühren. Durch ein Sieb passieren.
Die Vanillestangen auskratzen und das Mark in die Sahnemilch geben.

Masse in Formen geben und im Backofen im Wasserbad 15 Minuten lang stocken lassen.
Crème brûlée mit etwas braunem Zucker bestreuen und unter dem Grill bei 250 °C im Backofen karamellisieren.

Zutaten für 4 Personen

4 Scheiben Ziegenkäse (Rolle)
4 frische Feigen
200 ml Portwein
2 EL Balsamico
1 EL Butter
Zucker
Saft von einer Orange
Salz und Pfeffer
4 Scheiben Baguette
Olivenöl
frische Thymianblättchen

Gratinierter Ziegenkäse

auf Confit von Feige

Zubereitung

In einer Pfanne Butter und Zucker hell karamellisieren.
Orangensaft zugeben und etwas einköcheln lassen.
Die Feigen in Würfel geschnitten dazugeben.
Mit Portwein und Balsamico ablöschen und weiter leise köcheln lassen.
Die Feigen sollen nicht zerkochen.

Baguettescheiben in Olivenöl goldbraun braten. Mit der Käsescheibe belegen und im Backofen bei 220 °C mit Oberhitze den Käse leicht gratinieren.

Feigen-Confit auf Teller geben.
Mit der gratinierten Käse-Brotscheibe anrichten und mit frischen Thymianblättchen überstreuen.

Wildlachs

auf Champagnerkraut an frischer Kräutersauce

Zutaten für 4 Personen

4 Stück Wildlachsfilet á 150 g ohne Haut
200 g Sauerkraut
1 Apfel
50 g Speckwürfel
2 Schalotten
200 ml Weißwein
2 EL Zucker
Olivenöl zum Anbraten

Für die Sauce

200 ml Fischfond
200 ml Champagner
1 Sternanis
200 ml süße Sahne
3 EL gehackte frische Kräuter
wie Kerbel, Estragon, Basilikum etc.
50 g Butter zum Aufmontieren
Salz und Pfeffer

Zubereitung

Die Speckwürfel, Schalottenwürfel und den Zucker in Olivenöl anbraten. Sauerkraut und klein gewürfelte Äpfel zugeben. Mit Weißwein ablöschen, salzen, pfeffern und ca. 20 Minuten zugedeckt leicht köcheln.

Die Lachsfilets leicht salzen und pfeffern und in einer heißen Pfanne anbraten.
Dann im Backofen 5 Minuten bei 180-200 °C nachgaren lassen.

Für die Sauce alle Zutaten (bis auf die Butter) in eine Kasserolle geben und auf die Hälfte einreduzieren lassen. Abschmecken und mit kalter Butter aufmontieren.

Auf vorgewärmte Teller in die Mitte das Champagnerkraut geben, den Lachs darauflegen und mit der Sauce nappieren.

Zutaten für 4 Personen

8 Lammkoteletts
1 Bund Basilikum
2 EL Tomatenwürfel
2 EL gehackte Oliven
1 fein gewiegte Sardelle
2 EL Semmelbrösel
2 EL Senf scharf
1 Eigelb
2 Zehen Knoblauch
2 EL zerlassene Butter
Salz und Pfeffer

Zutaten für das Ratatouille

1 Aubergine
2 Zucchini
4 Tomaten
2 Paprikaschoten
1 Gemüsezwiebel
4 Zehen Knoblauch
1 EL Kräuter der Provence
Olivenöl
Salz und Pfeffer

Lammkotelett

unter Basilikum gekrustet mit Ratatouille

Zubereitung

Gemüse waschen und in mittelkleine Würfel schneiden.
Die Gemüsesorten (nicht die Tomaten) einzeln nacheinander in Olivenöl anbraten.
Dann alles in einen großen Topf geben und die Tomatenwürfel dazugeben.
Mit Salz und Pfeffer würzen, die Kräuter zugeben und ca. 20 Minuten auf kleiner Flamme leise köcheln lassen.
Basilikum fein hacken. Mit den Tomatenwürfeln, den Oliven und der Sardelle, den Semmelbröseln, Senf, Eigelb, gehackten Knoblauch und der zerlassenen Butter gut vermengen. Mit Salz und Pfeffer würzen.

Die Lammkoteletts salzen, pfeffern und in heißem Olivenöl auf beiden Seiten je ca. 1 Minute kurz scharf anbraten.
Herausnehmen und auf ein Backofenblech legen. Mit der Kruste bestreichen und im vorgeheizten Grill bei 240 °C gratinieren, bis die Kruste eine schöne Farbe angenommen hat.

Ratatouille auf die vorgewärmten Teller geben, die Lammkoteletts daraufgeben und sofort servieren.

Crêpes Suzette

Hauch von Pfannkuchen mit Grand Marnier

Zutaten für 500 g Teig

2 Eier
100 g Butter
100 g Mehl
1 Messerspitze Salz
250 ml Milch
1 EL Grand Marnier
Mark von einer halben Vanilleschote

Zutaten für die Orangensauce

2 unbehandelte Orangen
4 EL Grand Marnier
100 g Butter
100 g Zucker
4 EL Grand Marnier zum Flambieren

Zubereitung

Für den Teig Eier schaumig schlagen, zerlassene Butter zugeben, Mehl darübersieben.
Salz, Milch, Grand Marnier und Vanillemark zugeben und zu einem glatten Teig verrühren.
Den Teig ca. eine Stunde ruhen lassen.

In der Zwischenzeit die Orangensauce zubereiten. Von einer Orange die Zester abreiben. Dann beide Orangen auspressen. Die ganz weiche Butter in eine Schüssel geben, Zucker, Orangensaft und Grand Marnier unterrühren und die Zester dazugeben.

Die Crêpes in einer beschichteten Pfanne hauchdünn backen.
Dann je einen Löffel der Orangenbutter daraufgeben und zusammenfalten und auf Tellern oder einer Platte anrichten.
Den Grand Marnier erhitzen, über die Crêpes geben, flambieren und sofort servieren.

Herbstliche Maronen-Suppe

mit gerösteten Steinpilzen

Zutaten für 4 Personen

200 g Maronen
2 EL Butter
1 TL Zucker
500 ml Hühner- oder Gemüsebrühe
4 EL Portwein
1 EL Cognac
6 EL Sahne
ca. 120 g frische Steinpilze
Olivenöl
frische Kräuter der Provence
Salz und Pfeffer aus der Mühle

Zubereitung

Die Pilze mit einem Pinsel oder Bürstchen säubern.
Die Butter sanft erhitzen.
Zucker zugeben und unter Rühren karamellisieren.
Die Maronen zugeben und 4 Minuten garen.
Mit der Brühe ablöschen. Den Portwein und Cognac zugeben und 20 Minuten langsam köcheln lassen.
Mit Salz und Pfeffer abschmecken.
Mit dem Pürierstab des Mixers pürieren und eventuell durch ein Sieb passieren.
Die Sahne zugeben und kurz erhitzen.
Die Steinpilze in dünne Scheiben schneiden und in heißem Olivenöl anbraten. Salzen und pfeffern.

Die Suppe auf die Teller verteilen. Die heißen Pilze daraufgeben und mit den gehackten Kräutern bestreuen.

Zanderfilet

mit Zwiebel-Knoblauch Kruste

Zutaten für 4 Personen

4 Zanderfilets à 150 g
8 Zweige Petersilie
1 TL Thymianblättchen
2 EL Pflanzenöl
100 g Butter
Salz
frisch gemahlener Pfeffer

Zutaten für die Zwiebelkruste

200 g Zwiebeln
4 Knoblauchzehen
100 g weiche Butter
1 Bund glatte Petersilie
Salz
frisch gemahlener weißer Pfeffer
80 g Semmelbrösel

Zubereitung

Die Zanderfilets in Abständen von 2 bis 3 cm einschneiden. Salzen, pfeffern und mit etwas Petersilie und Thymian bestreuen.

Zwiebeln und Knoblauch schälen, die Zwiebeln grob zerkleinern. Die Petersilie waschen und trocken tupfen. Zusammen mit der weichen Butter vermengen, oder im Mixer pürieren. Salzen und pfeffern.

Die Paste zuerst in die Einschnitte der Zanderfilets streichen und den Rest dann über das ganze Filet verteilen. Rundherum dünn mit Semmelbröseln einstreuen.
Öl und Butter in einer Pfanne erhitzen und die Filets darin bei geringer Hitze von jeder Seite ca. 2 Minuten braten.

Als Beilage können Sie ein Kohlrabi-Sahne-Gemüse servieren, das Sie mit frischem Thymian verfeinern.

Entenbrust

in Balsamico-Sauce mit Kartoffelgratin

Zubereitung

Für das Gratin die Kartoffeln schälen und in dünne Scheiben hobeln oder schneiden. In eine ofenfeste, mit der Knoblauchzehe ausgeriebene und ausgebutterte Form legen. Salzen, pfeffern, mit Muskat würzen und mit der Sahne übergießen.
Im vorgeheizten Backofen 45 Minuten bei 200 °C backen lassen. Öfters nachschauen. Eventuell die Temperatur verringern.

In der Zwischenzeit die Entenbrüste salzen, pfeffern und in der heißen Pfanne auf der Hautseite scharf anbraten bis sie schön goldbraun sind. Umdrehen und nochmals anbraten.
Die Brüste aus der Pfanne nehmen und in einer ofenfesten Form im Backofen zugedeckt 12 Minuten weitergaren lassen.
Das ausgebratene Entenfett wegschütten. Zum Bratensatz Zucker zugeben und leicht karamellisieren lassen.
Mit Balsamico ablöschen und einköcheln lassen. Rotwein und den Geflügelfond zugeben und weiter einreduzieren.
Kurz vor dem Servieren mit kalter Butter die Sauce aufmontieren.

Das Gratin auf die vorgewärmten Teller verteilen. Die Entenbrüste danebenlegen und mit der Balsamico-Sauce nappieren.

Als Beilage passt sehr schön ein Wirsinggemüse.

Zutaten für 4 Personen

2 große oder 4 kleine Entenbrüste
100 ml Balsamico
200 ml Rotwein
250 ml Geflügelfond
1 EL Zucker
100 g Butter
4 große Kartoffeln
500 ml Sahne
1 Knoblauchzehe
Salz und Pfeffer
gemahlene Muskatnuss

Zutaten für 4 Personen

2 reife Mangos
2 EL Honig
180 g Sahne
80 g Bittere Schokolade

Beeren nach Saison und Melisse zum Garnieren

Dunkle Schokoladen-Ganache

mit Mangospalten

Zubereitung

Die Sahne erhitzen, aber nicht kochen. Die Schokolade in kleinen Stücken in die heiße Sahne geben und auflösen. Abkühlen und mindestens 8 Stunden im Kühlschrank fest werden lassen.

Die Schokoladenganache wird vor dem Servieren mit dem Handrührgerät zu einer luftigen Crème aufgeschlagen und auf die Teller verteilt.

Die Mango schälen und in hauchdünne Spalten schneiden.

Auf der Schokoladencreme schön anrichten. Mit Honig beträufeln. Mit Waldbeeren und Zitronenmelisse garnieren.

Lauwarmer grüner Spargel

mit Kräuter-Ei Vinaigrette auf venezianische Art

Zutaten für 4 Personen

400 g grüner Spargel
1 gekochte Rote Beete
2 Eier
1 Lauchzwiebel
2 EL gehackte Schalotten
1 EL gehackte Petersilie
1 TL gehackter Thymian
1 EL gehackter Estragon
4 EL Olivenöl
2 EL Weißweinessig
Salz und Pfeffer
Kräuterzweige zum Dekorieren

Zubereitung

Den Spargel 10 Minuten in Salzwasser kochen. Rote Beete in Brunoise (ganz kleine Würfelchen) schneiden. Spargel, Rote Beete, gehackte Schalotten, gehackte Kräuter, Olivenöl und Essig vorsichtig vermengen. Mit Salz und Pfeffer würzen. 10 Minuten marinieren lassen.

In der Zwischenzeit die Eier 8 Minuten kochen. Abschrecken, abkühlen lassen und in kleine Würfel schneiden. Die Lauchzwiebeln in Ringe schneiden.

Den marinierten Spargel auf Teller verteilen. Die Lauchzwiebelringe und die Eierwürfel darüber streuen. Zum Schluss geben Sie noch die Kräuterzweige als Dekoration darüber.

Für dieses Gericht können Sie genauso gut weißen Spargel verwenden. Dieser muss jedoch gut geschält werden.

Steinbutt Filet

im Blätterteigmantel mit Hummermousse an Ingwerschaum

Zutaten für 4 Personen

4 Filets vom Steinbutt à 150 g
Fleisch von 1 Hummer
1 Eigelb
250 g Sahne
8 cl Noilly Prat
1 EL gehackten Ingwer
1 EL gehackte Schalotten
frischen Estragon
2 EL Butter
4 Blätterteig-Platten
1 Eigelb zum Einpinseln
Salz und Pfeffer

Zubereitung

Steinbutt filetieren.
Für das Mousse das Hummerfleisch klein schneiden und in den Mixer geben. Ein Eigelb und etwa 100 g Sahne hinzufügen.
Mit Salz und Pfeffer würzen und mixen bis eine schöne, homogene Masse entstanden ist.
Für die Sauce 1 EL Butter erhitzen und die Schalottenwürfel glasig dünsten.
Noilly Prat und Sahne dazugeben und einköcheln. Ingwer dazugeben und ziehen lassen.
Durch ein Sieb passieren und zur Seite stellen.

Blätterteig ausrollen. Das Fischfilet darauflegen. Salzen und pfeffern. Estragonblätter dazu geben.
Den Blätterteig mit dem Hummermousse bestreichen und ein Päckchen daraus machen. Danach mit dem Eigelb bestreichen.
Die Päckchen im vorgeheizten Backofen 15 Minuten bei 180 °C backen.
Die Sauce erwärmen und mit der Butter aufmontieren.

Auf vorgewärmte Teller verteilen und die Päckchen daraufgeben. Mit Estragon dekorieren.

Kalbskotelett

auf Knoblauchconfit und Rosmarinjus

Zutaten für 4 Personen

4 Kalbskoteletts
200 ml Weißwein
200 ml Kalbsfond
Olivenöl
50 g Butter
2 EL Zucker
6 Schalotten
1 Knolle frischen Knoblauch
4 Zweige Rosmarin
4 Zweige Thymian
4 EL Zitronensaft
100 ml Portwein
grobes Meersalz und Pfeffer

Zubereitung

Für das Knoblauchconfit Butter und Zucker leicht karamellisieren. In Würfel geschnittene Schalotten zugeben und etwas mitkaramellisieren lassen. Knoblauchzehen im Ganzen zugeben. Mit etwas Rosmarin und Thymian aromatisieren und mit Zitronensaft und Portwein ablöschen und langsam köcheln lassen bis der Knoblauch ganz weich ist. Mit Salz und Pfeffer würzen und beiseite stellen.
Kalbskoteletts in einer beschichteten Pfanne mit Olivenöl auf beiden Seiten scharf anbraten. Anschließend mit Salz und Pfeffer würzen, in eine ofenfeste Form legen und im vorgeheizten Backofen 15 Minuten bei 120 °C garen lassen.
Das Bratfett aus der Pfanne abgießen. Den Bratensatz mit Weißwein und Kalbsfond ablöschen.
Den restlichen Rosmarin zugeben und langsam einköcheln lassen.
5 Minuten vor Ende der Garzeit das Fleisch mit dem Bratensaft beträufeln.
Die Koteletts aus dem Backofen nehmen und mit frisch gemahlenem Pfeffer würzen.

Das Knoblauchconfit auf vorgewärmte Teller geben. Die Kalbskoteletts daraufgeben und mit dem Rosmarinjus nappieren.

Zutaten für 4 Personen

250 g Erdbeeren
2 Bananen
4 EL brauner Zucker
etwas Saft einer grünen Limette
1 Bund Estragon
Champagner

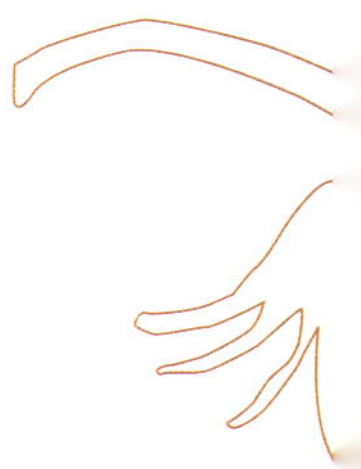

Erdbeer Bananen Tatar

mit Estragon in Champagner

Zubereitung

Die Erdbeeren ganz kurz waschen und auf Küchenpapier abtropfen lassen.
Stiele und Kelchblätter entfernen. Die Erdbeeren und die Bananen in kleine Würfel schneiden.
Zucker und Limettensaft dazugeben und vorsichtig vermengen.
Estragon grob zupfen und ebenfalls untermengen.
Champagner darauf gießen und marinieren lassen.

In tiefen Tellern servieren.
Mit einem Zweig Estragon dekorieren.
Nach Wunsch kann noch eine Kugel Zitronensorbet dazugegeben werden.

Zutaten für 4 Personen

1 große Knolle frischen Ingwer
2 EL gehackte Schalotten
2 EL Butter
200 ml Geflügel- oder Kalbsfond
200 ml Sahne
1 EL Speisestärke

100 ml geschlagene Sahne
Kokosraspel oder Kokosmilchpulver
Salz und Pfeffer aus der Mühle
glatte Petersilie oder Koriander zum Garnieren

Ingwersüppchen

mit Kokos-Sahne

Zubereitung

Ingwerknolle schälen und in kleine Würfel schneiden.
Butter in Suppentopf geben und Schalotten darin glasig dünsten. Ingwer dazugeben.
Mit Fond und Sahne ablöschen. Die Speisestärke mit etwas kalter Flüssigkeit glatt rühren und zur Suppe geben. Dann etwa 15 Minuten köcheln lassen.

In der Zwischenzeit Sahne schlagen und die Kokosraspeln oder das Kokospulver unterziehen.
Die Suppe mit Salz und Pfeffer abschmecken.

Durch ein Sieb passieren und in vorgewärmte Teller geben. Mit einem Kokossahne-Häubchen und einer kleinen Kräutergarnitur servieren.

Zu dieser Suppe passen sehr schön kleine Crevetten als Einlage.

Zubereitung

Knurrhahn vom Fischhändler filetieren lassen.
Die Fenchelknollen putzen und den Strunk mit einem kleinen, spitzen Messer entfernen.
Die ganzen Knollen in Salzwasser mit Currypulver oder Kurkuma 10 Minuten bissfest garen. Fenchel aus der Brühe nehmen.
Die Brühe aufbewahren. Den Fenchel etwas abkühlen lassen, halbieren und fächerartig einschneiden. Das hintere Ende zusammenlassen.

In einer beschichteten Pfanne Butter und Zucker geben und bei Mittelhitze solange erhitzen, bis der Zucker sich aufgelöst hat.
Dann unter ständigem Rühren hellbraun karamellisieren. Pfanne vom Feuer nehmen und die Fenchelfächer vorsichtig auf den Karamell geben. Vorsicht Karamell ist sehr heiß!

Knurrhahnfilet

mit karamellisiertem Babyfenchel auf Bett von schwarzen Nudeln

Zutaten für 4 Personen

4 Filets vom Knurrhahn à 150 g
4 Babyfenchelknollen
2 TL Currypulver oder 1 TL Kurkuma
1 EL gehackte Schalotten
3 EL Butter
2 EL Zucker
Olivenöl
Salz und Pfeffer

150 g schwarze Nudeln
2 EL Butter

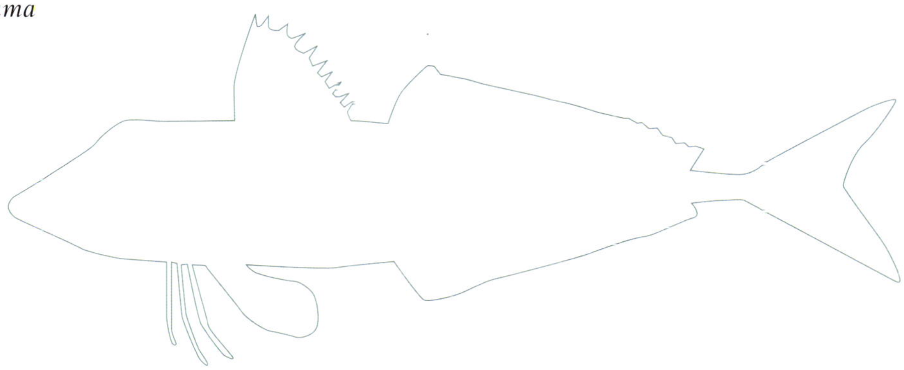

Die Pfanne wieder auf den Herd stellen und bei geringer Hitze köcheln lassen. Dabei immer etwas von dem Gemüsesud zugeben, so dass etwas Sauce entsteht. Diese mit Salz und Pfeffer abschmecken.

Nudeln in Salzwasser bissfest kochen.

In der Zwischenzeit Fischfilet salzen und pfeffern. In einer beschichteten Pfanne mit Olivenöl und Schalotten ca. 3 Minuten auf jeder Seite bei Mittelhitze anbraten.

Nudeln abgiessen. In den noch heißen Kochtopf die Butter geben. Die abgetropften Nudeln wieder in den Topf geben und schwenken bis die Butter geschmolzen ist.

Die Nudeln als Nest auf 4 vorgewärmte Teller geben.
Den Fenchelfächer und das Knurrhahnfilet dazulegen und mit dem Fenchelsud überziehen.

Lamm Couscous

mit feinem Gemüse

Zutaten für 4 Personen

800 g Fleisch von der Lammkeule
800 g Gemüse (Karotten, Kartoffeln, Zucchini, Auberginen, Kichererbsen)
2 Gemüsezwiebeln
4 Knoblauchzehen
Harissa-Paste
Paprikapulver
3 EL Tomatenmark
1 TL Kreuzkümmel
500 g Couscous
500 ml Geflügelfond
500 ml Weißwein
Olivenöl
Salz und Pfeffer

Zubereitung

Couscous in eine Schüssel geben. Einen Teelöffel Salz dazugeben und mit heißem Wasser übergießen, so dass etwa 1 cm Wasser übersteht.
Zudecken und quellen lassen.

Zwiebeln und Knoblauch hacken und in Olivenöl anbraten.
Die Fleischstücke zugeben und mit anbraten. 2 EL Harissa, Paprikapulver, Tomatenmark und Kreuzkümmel zugeben. Mit Geflügelfond und Weißwein ablöschen. 30 Minuten köcheln lassen.
Nach und nach die Gemüse, in der Reihenfolge des Garwerdens, zugeben.
Alles 1-1,5 Stunden garen.

Den Couscous nochmals kurz über Wasserdampf erhitzen, auf Teller verteilen und zusammen mit dem Lammgemüse servieren.

Zutaten für 4 Personen

180 g Zucker
5 EL Wasser
5 Eigelb
3 EL Honig
50 ml Grand Marnier
300 g Schlagsahne
500 g Beeren z.B. Erdbeeren, Brombeeren, Heidelbeeren, Johannisbeeren
1 EL Zucker
2 EL Obstbrand

Summ, summ, summm...

Die Biene ist stets auf der Suche nach Blüten – vielen Blüten, die noch mehr Pollen und reichlich Nahrung für den Bienenstock versprechen. Um ihren Artgenossen den Weg dahin zu zeigen, tanzt sie ihnen etwas vor. Und das nicht irgendwie, sondern mit einem System, das bereits Aristoteles beschrieb. Die Entschlüsselung gelang dem Verhaltensforscher Karl von Frisch 1973 und er wurde dafür mit dem Nobelpreis ausgezeichnet.

Je ergiebiger die Nahrungsquelle ist, desto lebhafter tanzen die Bienen.
Probieren Sie dieses preisverdächtige Honigparfait und nicht nur Sie, sondern auch Ihre Gäste werden einen wahren Freudentanz aufführen.

Honigparfait

auf Salat von gemischten Beeren

Zubereitung

Von dem Zucker 150 g abmessen, mit dem Wasser in einen Topf geben und aufkochen lassen.
Den Zucker sirupartig einkochen lassen.
Eigelb mit den restlichen 30 g Zucker schaumig rühren und den heißen Zuckersirup ganz langsam dazugeben.
Diese Masse unter Rühren abkühlen lassen.
Honig und Grand Marnier untermischen und die Schlagsahne unterheben.
In eine mit Folie ausgelegte Kastenform geben und für etwa 3 Stunden in den Gefrierer stellen.

In der Zwischenzeit die Beeren waschen, trocken tupfen. Die Erdbeeren in Viertel schneiden und mit dem Zucker und dem Obstbrand marinieren lassen.

Die marinierten Beeren auf große Teller geben.
Das Parfait aus dem Gefrierer nehmen, stürzen, in Scheiben schneiden und an die Beeren legen.

Französische Zwiebelsuppe

Soupe a l'oignon

Zutaten für 4 Personen

3 große Zwiebeln
3 EL Butter
1 Liter Geflügelfond
200 ml trockenen Weißwein
Salz
frisch gemahlenen Pfeffer
4 Scheiben Baguette
1 EL Butter
4 EL geriebenen Emmentaler

Zubereitung

Die Zwiebeln schälen, halbieren und in feine Ringe schneiden.
In einem großen Topf Butter schmelzen und die Zwiebelringe darin goldgelb anbraten.
Mit heißem Fond ablöschen und 10 Minuten auf kleiner Flamme köcheln.
Weißwein zugeben und die Suppe mit Salz und Pfeffer abschmecken.

Die Baguettescheiben in einer Pfanne mit Butter leicht anrösten.

Die Zwiebelsuppe in feuerfeste Tassen füllen, mit den gerösteten Baguettescheiben belegen und mit Käse bestreuen.
10 Minuten im Backofen bei 220 °C gratinieren.

Leicht gebratene Jakobsmuscheln

auf Paprika-Trilogie

Zutaten für 4 Personen

8 Jakobsmuscheln
je 1 kleine rote, gelbe und grüne Paprikaschote
200 ml Fischfond
100 g Butter
Olivenöl
Salz und Pfeffer aus der Mühle
Dillzweige zum Dekorieren

Zubereitung

Die Paprikaschoten mit Sparschäler abschälen, entkernen und getrennt im Mixer mit etwas Fischfond pürieren. Durch ein Sieb streichen, in eine Kasserolle geben und einreduzieren lassen. Jakobsmuscheln salzen, pfeffern und kurz anbraten, oder mit etwas Fischfond und Weißwein andünsten

Die einreduzierte Paprikasauce mit kalter Butter aufmontieren, salzen und pfeffern.
In drei Spiegeln auf vorgewärmte Teller aufbringen.
Auf jeden Spiegel dann eine Jakobsmuschel geben und mit frischem Dill garnieren.

Schweinebraten

nach korsischer Art

Zutaten für 4 Personen

5 Zweiglein Rosmarin
Knoblauchzehen
3 Salbeiblätter
1 Prise Fenchelsammen
1 kg Schweinshals oder Kotelettstück ohne Knochen
Olivenöl
Salz und Pfeffer

Zubereitung

Die Nadeln eines Rosmarinzweigs und die Salbeiblätter fein hacken.
Danach zusammen mit den Knoblauchzehen und den Fenchelsamen in einem Mörser zerstoßen.
Salz und Pfeffer zugeben.

Mit einem Messer 4 Löcher in das Fleisch bohren. Die Öffnungen mit der Gewürzmischung füllen.
Das Fleisch zu einem Rollbraten schnüren.
Die restlichen Rosmarinzweige gut verteilt unter die Schnur schieben.
Das Fleisch mit Olivenöl bestreichen. Den Braten in einer Kasserolle von allen Seiten anbraten.
Danach im Ofen 2 Stunden bei 180 °C braten.

Dieser Braten wird nach einem sehr alten korsischen Rezept zubereitet, ist knusprig gebraten und duftet appetitlich nach Rosmarin und Salbei.

Kürbiskerngugelhupf

nussiger Topfkuchen aus der Steiermark

Zutaten für ca. 18-20 kleine Gugelhupf

300 g Kürbiskerne
200 g Nüsse
150 g Semmelbrösel
500 g Margarine oder Butter
500 g Topfen (sehr trockener Quark)
500 g Zucker
100 g Honig
18 Eier
1-2 TL Backpulver
etwas Zimt und Vanillezucker

Zubereitung

Eiklar zu Schnee schlagen. Etwas Zucker mit unterschlagen.
Die Butter schaumig rühren. Mit dem Rest Zucker schaumig weiter schlagen. Langsam das Eigelb einrühren und den Topfen unterziehen. Ebenso etwa die Hälfte des steifgeschlagenen Eiweiß. Gemahlene Kürbiskerne, Nüsse, Semmelbrösel, Honig, Zimt, Backpulver und Vanillezucker vorsichtig untermengen. Zum Schluss das restliche Eiweiß noch ganz leicht unterheben.

Backzeit 27 Minuten bei 150 °C.

Zutaten für 4 Personen

200 g Muskatkürbisfleisch
40 g Butter
1 EL Zucker
1 TL Zimt
2 EL gehackte Schalotten
250 ml Geflügelfond

3 EL Sherryessig
6 EL Walnussöl
4 EL Tomatenwürfel
2 EL Schnittlauchröllchen
2 EL geröstete Kürbiskerne

2 Barbarie-Entenbrüste
2 EL Olivenöl
1 EL Butter
1 EL Honig
2 EL Balsamico
Salz und Pfeffer aus der Mühle

Zubereitung

Den Kürbis in rechteckige Stücke von ca. 4 cm Größe und 2 mm Dicke schneiden.
In einer beschichteten Pfanne Butter, Zucker, Zimt und Schalotten erhitzen. Mit dem Geflügelfond aufgießen und die Kürbisstücke darin etwa 5 Minuten leise ziehen lassen.
Aus Sherryessig, Nussöl, Salz und Pfeffer eine Marinade anrühren.
Die Tomatenwürfel und die Schnittlauchröllchen zugeben.

In einer beschichteten Pfanne Olivenöl und Butter erhitzen und die gesalzene und gepfefferte Entenbrust von beiden Seiten anbraten. Entenbrust aus der Pfanne nehmen und im Backofen 15 Minuten bei 80 °C ziehen lassen.
Das Bratfett wegschütten. Den Bratensatz mit Balsamico ablöschen. Den Honig zugeben und mit Salz und Pfeffer abschmecken.

Die Kürbisstücke auf großen Tellern anrichten. Mit der Marinade überziehen. Die in schräge Scheiben geschnittene Entenbrust daraufgeben und mit der Sauce nappieren. Mit Schnittlauchfäden und gerösteten Kürbiskernen garnieren.

Kürbis Carpaccio

mit gebratener Barbarie-Entenbrust

Schwertfisch

an gekapertem Zitronenschaum

Zubereitung

Den Fisch waschen und trocken tupfen. Die Kapern abtropfen und grob hacken.
Die Gurke schälen, halbieren, entkernen und die Hälfte in kleine Würfel schneiden.
Karotten in kleine Brunoise schneiden, in Butter anschwitzen. Danach mit Wasser knapp bedecken und bissfest kochen.
Die Gurkenwürfel zugeben und mit Salz und Pfeffer würzen.
Zum Schluss gehackten Basilikum untermischen.

Fischfond mit Wein auf ein Drittel einreduzieren. Vom Herd nehmen und Zitronensaft zugeben. Nach und nach mit 8 EL Olivenöl im Stabmixer aufmontieren. Kleingeschnittene Kapern unterziehen, mit Salz und Pfeffer abschmecken.
Olivenöl in einer Pfanne erhitzen, Schwertfisch anbraten, salzen, pfeffern und bei 180 °C im Backofen 4 Minuten fertig braten.

Fisch auf vorgewärmten Tellern anrichten und mit dem Zitronenschaum nappieren. Mit den Gemüsewürfelchen garnieren.

Zutaten für 4 Personen

4 Scheiben Schwertfisch
Saft von 2 Zitronen
2 EL Kapern
1 Gurke
2 Karotten
Butter
Cayennepfeffer
reichlich frisches Basilikum
200 ml Fischfond
100 ml Weißwein
Olivenöl

Zutaten für 4 Personen

4 ausgelöste Rehrücken à 170 g
Salz und Pfeffer aus der Mühle
Butter und Olivenöl
1-2 TL geschroteten, schwarzen Pfeffer
2 EL gehackter, frischer Thymian
2 EL gehackter, frischer Rosmarin
2 EL gehackte, frische Salbeiblätter
2 –3 EL Semmelbrösel
4 EL Waldhonig
3 EL Holundersirup
200 ml Wildfond
200 ml Rotwein
kalte Butter zum Aufmontieren
Rosmarinzweige zum Garnieren

Rehmedaillons

mit Honig-Kräuter Kruste

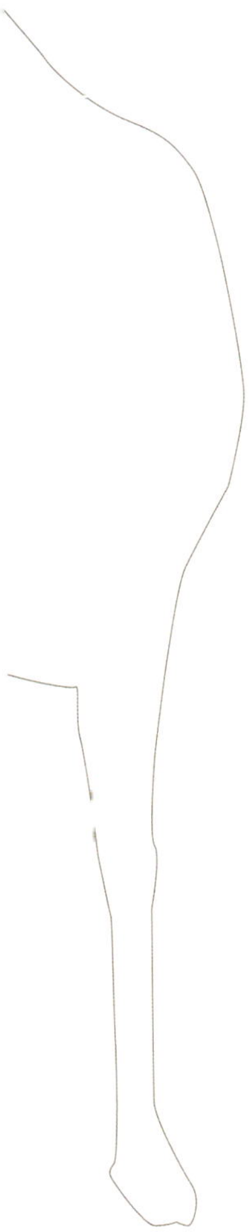

Zubereitung

Rehfilets salzen und pfeffern.
In einer Pfanne Butter und Olivenöl erhitzen und die Rehfilets darin auf beiden Seiten scharf anbraten.
Danach beiseite stellen.

Für die Kräuterkruste den geschroteten Pfeffer mit den gehackten Kräutern in geschmolzener Butter in einer Pfanne etwas anziehen lassen. Semmelbrösel zugeben und durchrühren bis eine geschmeidige Paste entsteht.

Rehfilets mit dem Honig bestreichen und mit der Kräuterpaste bedecken und gut andrücken.
Im vorgeheizten Backofen 5 Minuten bei 200 °C gratinieren.

Für die Sauce Holundersirup, Wildfond und Rotwein zusammen einreduzieren.
Mit Salz und Pfeffer abschmecken und kurz vor dem Servieren mit kalter Butter aufmontieren.

Die Rehfilets auf vorgewärmte Teller geben und mit der Sauce nappieren.
Mit einem Rosmarinzweig garnieren.

Topinambursuppe

mit glasierten Maronen

Zutaten für 4 Personen

500 g Topinambur (Jerusalem-Artischocken)
200 g Maronen
2 EL Butter
1 TL Zucker
500 ml Hühner- oder Gemüsebrühe
200 g Sahne
frische Kräuter
Salz und Pfeffer aus der Mühle

Zubereitung

Die Topinambur unter fließendem kalten Wasser mit einer Gemüsebürste säubern.
In große Würfel schneiden und in der Hühnerbrühe ca. 30 Minuten kochen.
Danach etwas abkühlen lassen und mit einem Pürierstab passieren.
Das Püree dann nochmal aufkochen und mit Salz und Pfeffer abschmecken.
Die Butter sanft erhitzen. Zucker zugeben und unter Rühren karamellisieren.
Die Maronen zugeben und ca. 4 Minuten glasieren.
Die Sahne schlagen und unter die Crème ziehen.

Auf vorgewärmte Suppenteller geben. Die glasierten Maronen zugeben und mit gehackten Kräutern bestreuen.

Sie können diese Suppe alternativ auch mit Pastinaken oder Petersilienwurzeln zubereiten.

Zutaten für 4 Personen

100 g Bitterschokolade
100 g Lebkuchen
frisch gemahlene Kardamonsamen
2 Eier
50 ml Orangenlikör
1 kalter Espresso
150 g Sahne
50 g Butter

Crème von Lebkuchen

und Bitterschokolade

Zubereitung

Schokolade und Lebkuchen im Mixer fein zerhacken. In eine Metallschüssel geben.
Die Kardamonsamen in einem Mörser ganz fein zerstoßen und ebenfalls dazugeben.
Die Eier, den Orangenlikör und Espresso zugeben und in einem heißen Wasserbad 10 Minuten aufschlagen bis eine cremige Konsistenz erreicht ist.
Vom Wasserbad nehmen. Butter in kleinen Stückchen zugeben und unterziehen.
Die Masse im Kühlschrank abkühlen lassen.
Sobald die Crème kalt ist, die steif geschlagene Sahne unterheben und nochmals etwa 2 Stunden kühl stellen.

Servieren Sie die Lebkuchencrème mit einem Fruchtpüree von Mango oder Erdbeeren.

Zutaten für 4 Personen

150 g Linsen
2 EL gehackte Schalotten
1 Zucchini
2 Karotten
1 Kartoffel
1 Ei
Salz und Pfeffer
1 Lorbeerblatt
Balsamico
Olivenöl
4 EL frischen Koriander

Linsensalat

mit feinem Gemüsepuffer

Zubereitung

Linsen in Salzwasser zusammen mit dem Lorbeerblatt ca. 30 Minuten köcheln lassen.

In der Zwischenzeit das Gemüse putzen und reiben. Mit dem Ei, Salz, Pfeffer und 2 EL Koriander vermischen.
In einer beschichteten Pfanne Olivenöl erhitzen und kleine Puffer goldbraun braten.
Die Linsen abtropfen und mit Schalotten, Olivenöl, Balsamico, Salz, Pfeffer und dem restlichen Koriander vermischen.

Auf Teller geben und die kleinen Gemüsepuffer daraufgeben.
Mit frischem Koriander garnieren.

Rehmedaillons

auf Kürbispüree an Wacholdersauce

Zutaten für 4 Personen

1 kleiner Hokkaido-Kürbis
8 Safranfäden
2 EL Butter
2 gehackte Schalotten
250 ml Gemüsebrühe
250 ml Sahne
8 Rehmedaillons à 80 g
Olivenöl
1 EL gehackte Wacholderbeeren
2 EL Zucker
200 ml Wildfond
100 ml Balsamico
200 ml Rotwein
2 EL Preiselbeerkonfitüre
Salz und Pfeffer aus der Mühle
50 g Butter

Zubereitung

Den Kürbis schälen und klein würfeln.
In einem Topf die Butter schmelzen. Schalotten zugeben und kurz anschwitzen. Das Kürbisfleisch hinzufügen und mit anschwitzen. Die Safranfäden zugeben. Leicht salzen und pfeffern. Mit Gemüsebrühe und Sahne ablöschen, 20 Minuten köcheln lassen und mit einem Stabmixer pürieren. Nochmals mit Salz und Pfeffer abschmecken.
Die Rehmedaillons mit Salz und Pfeffer würzen und in Olivenöl von beiden Seiten scharf anbraten.
Aus der Pfanne nehmen und zugedeckt im Backofen 10 Minuten bei etwa 80 °C ziehen lassen.

Zubereitung der Sauce

In einer Kasserolle den Zucker karamellisieren. Mit Wildfond, Balsamico und Rotwein ablöschen. Preiselbeeren und Wacholderbeeren zugeben und gut einreduzieren lassen. Danach die Sauce durch ein Sieb passieren. Kurz vor dem Servieren mit kalter Butter aufmontieren.
Rehmedaillons aus dem Ofen nehmen. Kürbispüree in die Mitte der vorgewärmten Teller geben.
Rehmedaillons daraufgeben und mit der Sauce nappieren.

Pochierte Birnen

in gewürztem Rotweinsud

Zutaten für 4 Personen

4 Williamsbirnen
200 ml Cassissirup
1 Liter trockener Rotwein
150 g Zucker
4 Sternanis
Pfefferkörner
Zimtstange
frischen Thymian und Rosmarin
Saft einer Zitrone
frische Minze oder Estragon zum Dekorieren

Zubereitung

Die Birnen schälen. Den Stiel nicht entfernen. Den Blütenansatz entfernern und mit Zitronensaft beträufeln. Wein, Sirup, Zucker und die Gewürze in einen Topf geben. Diese Mischung zum kochen bringen. Die Birnen darin 15-20 Minuten ziehen lassen. Bitte nicht kochen! Herausnehmen und etwas abkühlen lassen. Die Sauce durch ein Sieb gießen und anschließend einreduzieren bis eine schöne sämige Sauce entsteht.

Die Birnen auf tiefe Teller geben und mit der Sauce umgießen.

Thunfisch-Tatar

auf Kartoffel-Carpaccio

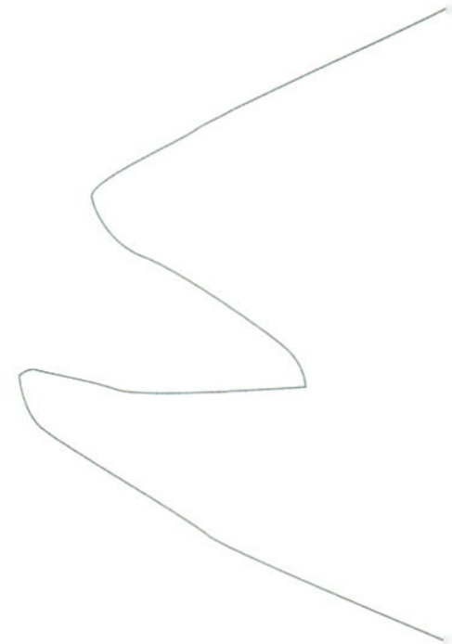

Zutaten für 4 Personen

200 g frischer Thunfisch
4 Kartoffeln
1 EL gehackter Schnittlauch
1 EL gehackter Ingwer
2 EL Balsamico
4 EL Olivenöl
2 EL Kürbiskernöl
Tomaten zum Dekorieren
Salz und Pfeffer

Zubereitung

Die Kartoffeln waschen und ungeschält in Salzwasser kochen.
Den Thunfisch fein hacken und mit Ingwer, Schnittlauch, Balsamico und Olivenöl vermischen.
Mit Salz und Pfeffer abschmecken.
Die Kartoffeln etwas abkühlen lassen, schälen und in dünne Scheiben schneiden. Danach auf die Teller verteilen.
Mit etwas Salz und Pfeffer würzen und mit dem Kürbiskernöl beträufeln.
Das Tatar auf die Kartoffelscheiben in die Mitte geben. Mit Schnittlauchfäden und Tomaten dekorieren.

Für dieses Rezept verwendet man am besten Maguro-Thunfisch, speziell für Carpaccio, Sushi und Sashimi.
Man kann dieses Rezept auch mit Carpaccio von gekochter Roter Beete oder rohem, in hauchdünne Scheiben geschnittenen Kohlrabi variieren.

Kaiserschotensalat

mit gebratenen Garnelen in Zitronenvinaigrette

Zutaten für 4 Personen

8 Garnelen
4 Zweige Thymian
2 Knoblauchzehen
150 g Kaiserschoten
Saft einer Zitrone
6 EL Olivenöl
Salz und Pfeffer
frische Basilikumblätter
Olivenöl
Kirschtomaten und glatte Petersilie zum Dekorieren

Zubereitung

Die Kaiserschoten waschen und eventuell die Seitenfäden entfenern. In Salzwasser bissfest kochen.
In sehr kaltem Wasser abschrecken.

In der Zwischenzeit die Garnelen auslösen und mit einem kleinen, spitzen Messer entdarmen. Salzen und pfeffern.

Für die Vinaigrette Zitronensaft, Salz, Pfeffer und Olivenöl vermischen. Die Basilikumblätter zugeben.

Die Kaiserschoten sternförmig auf die Teller verteilen und mit der Vinaigrette-Sauce beträufeln.

In einer Pfanne das Olivenöl erhitzen und die Garnelen beidseitig anbraten. Die Thymianzweige und die Knoblauchscheiben mitbraten.

Die Garnelen dann in die Tellermitte geben mit den Kirschtomaten und der Petersilie garnieren und sofort servieren.

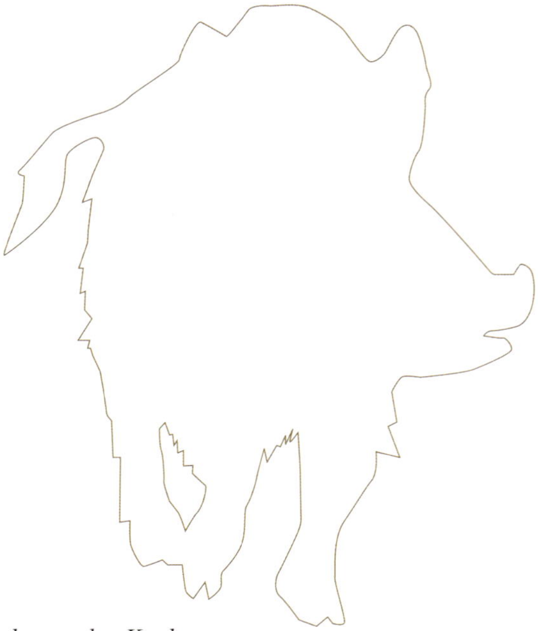

Zutaten für 4 Personen

800 g Wildschweinfleisch aus der Keule
Butter und Olivenöl
1 Zwiebel
3 Karotten
100 g Knollensellerie
Orangenschalen-Streifen
250 ml Wildfond
200 ml Portwein
1 EL Wacholderbeeren
2 EL Pfeffer
frischen Thymian
2 EL Preiselbeer-Marmelade

Zubereitung

Wildschweinfleisch in Würfel schneiden, salzen und pfeffern.
Das Fleisch in heißem Olivenöl und Butter scharf anbraten, danach herausnehmen.
Frisches Olivenöl in die Pfanne geben und die Zwiebeln, Karotten und Sellerie in Würfeln mit den Orangenschalen-Streifen anrösten.

Fleisch und Gemüse zusammen in einen Topf geben, mit Portwein und Wildfond übergießen.
Wacholderbeeren und Pfefferkörner zugeben und alles 45 Minuten bei mittlerer Hitze köcheln lassen.

Kurz vor dem Servieren die Preiselbeermarmelade und die frischen Thymianblättchen zugeben.
Mit Salz und Pfeffer abschmecken.

Auf vorgewärmten Tellern servieren. Als Beilage passt gut ein Sellerie-Kartoffelpüree.

Wildschwein Ragout

in Portwein-Pfeffer Sauce

Torta di mele

Warmer Apfelkuchen

Zutaten für einen Kuchen

5 Boskop oder Cox Orange Äpfel
Saft einer Zitrone
2 Eier
280 g Zucker
Vanillemark oder Vanillezucker
100 g flüssige Butter
100 g Mehl
Backpulver
100 ml Milch
Butter und Mehl für die Form
Puderzucker zum Bestäuben

Zubereitung

Äpfel schälen, vierteln und vom Kerngehäuse befreien. In hauchdünne Scheiben hobeln und sofort mit Zitronensaft beträufeln.
Eier mit Zucker und Vanille verrühren. Die Butter und mit Backpulver vermischtes Mehl zugeben und zu einem glatten Teig verrühren.
Apfelscheiben untermengen und die Masse in eine gebutterte und gemehlte Springform geben.

Im vorgeheizten Backofen 45 Minuten bei etwa 180 °C goldbraun backen.

Mit Puderzucker bestäuben und noch lauwarm servieren.

Warmes Soufflé von Broccoli

auf Tomatensugo

Zutaten für 4 Personen

300 g Broccoli-Röschen
200 g kalte Sahne
2 Eier
frisch geriebene Muskatnuß
Salz und Pfeffer aus der Mühle

Für das Tomatensugo

4 Fleischtomaten
2 Knoblauchzehen
2 Lauchzwiebeln
1 Bund glatte Petersilie
2 EL weißer Balsamico
4 EL Olivenöl
Salz und Pfeffer

Zubereitung

Broccoli in Salzwasser weich kochen. Abkühlen und abtropfen lassen. In einem Mixer zusammen mit Sahne, Eiern und Gewürzen fein pürieren bis eine homogene Masse entstanden ist.
Kleine Auflaufförmchen ausbuttern. Diese mit der Soufflé-Masse füllen und im vorgeheizten Backofen bei 160 °C im Wasserbad ca. 10 Minuten garen.

In der Zwischenzeit das Tomatensugo zubereiten.
Dazu die Tomaten in kochendem Wasser kurz brühen und dann häuten. Halbieren, vierteln und die Kerne entfernen. Das Tomatenfleisch ganz fein würfeln. Die Knoblauchzehen fein hacken. Die Lauchzwiebeln in ganz feine Ringe schneiden und mit der gehackten Petersilie und den Tomatenwürfeln gut vermengen.
Mit weißem Balsamico, Olivenöl, Salz und Pfeffer marinieren.

Das Sugo auf Teller verteilen. Die Soufflés vorsichtig aus der Form stürzen und auf das Sugo geben.

Pochierter Steinbutt

mit brauner Senfbutter

Zutaten für 4 Personen

4 dicke Scheiben Steinbutt
100 g Champignons
1 Liter Milchsud
30 g Butter

Zutaten für den Milchsud

1 in Scheiben geschnittene Zitrone
1 grob geschnittene Zwiebel
1 Thymianzweig
6 Pfefferkörner
1 kleinen grob geschnittenen Ingwer
1 Liter Milch
1 EL Meersalz

Zubereitung

1 Liter Wasser mit Zitronenscheiben, Zwiebeln, Thymian, Ingwer und Pfefferkörnern 10 Minuten kochen.
Die Milch und das Salz zugeben und nochmals aufkochen. Dann erkalten lassen.
Die Champignons waschen, klein schneiden und zum Milchsud geben.

Eine in der Größe passende Kasserolle mit Butter ausstreichen und den Fisch hineinlegen.
Mit dem Sud begießen. Im Ofen 20 Minuten bei 180 °C zugedeckt ziehen lassen.
Danach aus dem Ofen nehmen.
Den Fisch noch 5-10 Minuten im Sud nachziehen lassen.

Dazu passt braune Senfbutter und flaumiges Kartoffelpüree.

Der Steinbutt ist Zeit seines Lebens ein wahrer Verwandlungskünstler.
Ähnelt er noch als kleine Larve der anderer Meeresmitbewohner so ändert sich das mit seiner Metamorphose zu einem ausgewachsenen Steinbutt. Das linke Auge wandert hin zum rechten, während sein Körper immer flacher wird und bald den Namen Plattfisch verdient.

Zum Schutz vor Feinden kann der Steinbutt die Farbe seiner Haut an den jeweiligen Untergrund anpassen und wird so als potentielles Mittagessen fast unsichtbar.

Seine letzte, allerdings eher unfreiwillige Verwandlung vollzieht sich schließlich in Ihrer Küche.

Medaillons vom Hirschrücken

in Cassis-Wacholdersauce

Zutaten für 4 Personen

4 Hirschmedaillons à 140 g
4 EL Olivenöl
1 EL Butter
2 EL gehackte Schalotten
4 EL Preiselbeeren
1 TL gemahlene Wacholderbeeren
2 EL Gin
10 EL Rotwein
10 EL Wildfond
3 EL Crème de Cassis
Salz und Pfeffer aus der Mühle

Zubereitung

Die Hirschmedaillons in Olivenöl kurz scharf anbraten. Danach in einer Kasserolle zugedeckt bei 80 °C 15 Minuten im Backofen ziehen lassen. Das Bratfett aus der Pfanne wegschütten.

Die Schalotten in die Pfanne geben und mit der Butter glasig andünsten.
Nun die Preiselbeeren und den Wacholder zufügen.
Alles mit Gin und Rotwein ablöschen und kurz köcheln lassen.
Danach den Fond und den Cassis-Likör zugeben und einköcheln lassen bis die Sauce eine sämige Konsistenz erreicht.

Kurz vor dem Servieren das Fleisch mit dem Bratensaft in die Sauce geben.

Servieren Sie dazu glasierte Maroni und Rosenkohl in Butter geschwenkt.

Mandel Zitronen Taler

mit hauchdünnen Scheiben von frischen Feigen

Zutaten für die Mandel-Zitronen-Taler

100 g gehackte Mandeln
90 g Zucker
Saft und abgeriebene Schale einer unbehandelten Zitrone
30 g Mehl
40 g flüssige Butter
1 EL Mandellikör

Zutaten für die Feigen-Garnitur

4 reife Feigen
4 EL Cassislikör
2 EL Crème fraîche
1 EL Zucker

außerdem schwarze Johannisbeeren zum Dekorieren

Zubereitung

Die Zutaten mit dem Handrührgerät ca. 5 Minuten verrühren. Danach 2 Stunden kühl stellen.
Aus dem Teig 12 nussgroße Kugeln formen und in großen Abstand auf ein mit Backpapier ausgelegtes Backblech geben. Im vorgeheizten Ofen 10 bis 12 Minuten bei 200 °C goldbraun backen.
Der Teig läuft beim Backen auseinander und ergibt hauchdünne Taler.
Die gebackenen Teigblätter vorsichtig vom Papier abnehmen und auskühlen lassen.

Die Feigen waschen und mit einem sehr scharfen Messer in hauchdünne Scheiben schneiden.
Crème fraîche mit Zucker und Cassislikör verrühren.

Die Mandeltaler auf 4 Teller legen.
Die Feigenscheiben dekorativ darauf anrichten und mit der Mischung aus Cassis und Crème fraîche nappieren.
Zum Schluss noch mit den schwarzen Johannisbeeren garnieren.

Karotten-Kokosnuß Veloute

mit knusprigen Kartoffelblättchen

Zutaten für 4 Personen

300 g Karotten
250 ml Kokosmilch
200 ml Gemüsebrühe
2 Kartoffeln
2 EL Butter
100 g Schlagsahne
Salz und Pfeffer
Glatte Petersilie zum Dekorieren

Zubereitung

Die Karotten und eine Kartoffel schälen und in Würfel schneiden.
Butter in einem Topf erhitzen. Karotten- und Kartoffelwürfel andünsten.
Mit Gemüsebrühe ablöschen und 15 Minuten köcheln lassen.

In der Zwischenzeit die zweite Kartoffel schälen und mit einem Hobel in dünne Chips schneiden.
Die Friteuse auf 180 °C erhitzen und die Chips 2 Minuten goldbraun frittieren. Dann herausnehmen und auf Küchenpapier abtropfen lassen. Die Karotten mit dem Passierstab pürieren. Kokosmilch dazugeben und mit Salz und Pfeffer würzen.

Auf vier vorgewärmte tiefe Teller verteilen. Schlagsahne daraufgeben und mit den Chips und Petersilie dekorieren.

Kräutersalat

mit gerösteten Steinpilzen und Nüssen

Zutaten für 4 Personen

Spinatsalat
Ruccola
Kräuter aus dem Garten wie Basilikum, Petersilie, Kerbel usw.
3 EL Olivenöl
2 EL Weißweinessig
1 TL scharfer Senf
Salz und Pfeffer
150-200 g frische Steinpilze
3 EL Olivenöl
gemischte Nüsse (Walnüsse, Haselnüsse, Pinienkerne usw.)
Kirschtomaten zum Dekorieren

Zubereitung

Salat und Kräuter waschen und trocknen.
Vinaigrette aus Essig, Öl, Salz, Pfeffer und dem Senf zubereiten.
Die Steinpilze säubern und in dünne Scheiben schneiden.
In einer Pfanne Olivenöl erhitzen und die Pilze mit den Nüssen darin scharf anbraten.
Salzen und Pfeffern.

Salat auf den Tellern anrichten, mit der Vinaigrette beträufeln und mit den Kirschtomaten garnieren.
Dann mit den gerösteten Pilzen und Nüssen sofort servieren.

Soufflé von Petersfisch

an Petersilien-Pesto

Zubereitung

Petersfischfilet unter fließendem, kalten Wasser abspülen. Trockentupfen und in kleine Stücke schneiden. Mit Sahne, Pernod und Noilly Prat im Mixer fein pürieren bis eine homogene Masse entstanden ist. Salzen und pfeffern.

Kleine Auflaufförmchen ausbuttern und mit der Soufflé-Masse füllen. Im vorgeheizten Backofen bei 160 °C im Wasserbad 10 Minuten garen.

In der Zwischenzeit alle Zutaten für das Pesto in den Mixer geben und kurz aufmixen.

Das Pesto auf Teller verteilen. Das Soufflé vorsichtig aus der Form stürzen und auf das Pesto geben.

Zutaten für 4 Personen

200 g frisches Petersfisch-Filet
200 g kalte Sahne
1 El Pernod
1 EL Noilly Prat
Salz und Pfeffer aus der Mühle

Zutaten für das Pesto

1 Bund glatte Petersilie
geröstete Pinienkerne oder Mandeln
Parmesan oder Pecorino
Olivenöl
Salz und Pfeffer

Zubereitung

Die Lammkeule von äußerem Fett befreien und den Mittelknochen herauslösen. Das Fleisch mit einem spitzen Messer mehrmals rundum in Faserrichtung tief einschneiden. Je eine Knoblauchzehe in die Einschnitte geben und die Keule salzen und pfeffern. Den restlichen Knoblauch mit Kräutern, etwas Olivenöl, Salz und Pfeffer zusammenmixen.
Diese Kräuter-Knoblauch Ölmischung wird in die Lammkeule gestrichen.
Die Keule fest in Alufolie verpacken und ruhen lassen.

Gefüllte Lammkeule

mit Kräutern der Provence

Zutaten für 4 Personen

1 Lammkeule ca. 1,5 Kilo
Kräuter der Provence
1 Knolle Frühlingsknoblauch
6 EL gehackte Schalotten
1 EL Zucker
Rosmarinzweige
2 EL Butter
1 Liter Rotwein
Olivenöl
Salz und Pfeffer

Backofen auf 200 °C vorheizen. Die Lammkeule in Folie verpackt in einen Bräter legen, in den Ofen schieben und 10 Minuten braten. Die Hitze dann auf 180 °C verringern und nach 20 Minuten auf 150 °C verringern. Nach 45 Minuten Garzeit den Ofen abschalten und die Lammkeule noch 20 Minuten in der Resthitze weitergaren.

In der Zwischenzeit in einem Topf 6 Esslöffel gehackte Schalotten in etwas Olivenöl anschwitzen.
Mit einem Esslöffel Zucker karamellisieren lassen, Rosmarinzweige und junge Knoblauchzehen sofort dazugeben.
Dann mit dem Rotwein ablöschen und einreduzieren. Die Rosmarinzweige entfernen.
Mit dem Passierstab pürieren. Durch ein Sieb passieren und mit Butter aufmontieren.

Die Lammkeule in Scheiben schneiden und auf vorgewärmte Teller geben. Etwas Sauce dazugeben.

Mit kleinem Ratatouille und gebratenen Topinambur servieren.

Mango Parfait

auf Schokoladenspiegel

Zutaten für 10 Personen

12 EL Zucker
5 EL Orangensaft
8 Eigelb
300 g Mangopüree
4 EL Gin
500 g Sahne

Zutaten für den Spiegel

150 g Zartbitterkuvertüre
150 g Sahne
etwas Zucker

Zubereitung

In einem Topf 10 EL Zucker mit dem Orangesaft aufkochen, so das ein Sirup entsteht. Das Eigelb mit dem Mangopüree und restlichen Zucker schaumig aufschlagen. Dabei den Sirup nach und nach unter ständigem Rühren einlaufen lassen. Diese Mischung abkühlen lassen. Gin unter die abgekühlte Masse ziehen. Die Sahne schlagen und ebenfalls unterheben.

Die Masse in kleine Förmchen geben und mindestens 3 Stunden gefrieren lassen. Die Sahne erhitzen. Die klein geschnittene Schokolade darin schmelzen und mit etwas Zucker süßen.

Spargelsüppchen

mit Garnelen auf Spieß von Zitronengras

Zutaten für 4 Personen

500 g Spargel
1 kleine Knolle frischen Ingwer
2 EL gehackte Schalotten
2 EL Butter
200 ml Geflügel- oder Kalbsfond
200 ml Sahne
2 Eigelb
8 geschälte und entdarmte Garnelen
4 Spieße von Zitronengras
Salz und Pfeffer aus der Mühle
glatte Petersilie zum Garnieren

Zubereitung

Spargel schälen und in dünne Scheiben schneiden.
Butter in Suppentopf geben, Schalotten darin glasig dünsten, Spargel dazugeben und zusammen glasig werden lassen.
Mit Fond und Sahne ablöschen. Etwa 15 Minuten leise köcheln lassen

In der Zwischenzeit Ingwer schälen und in hauchdünne Scheiben schneiden. In einer Kasserolle mit etwas Olivenöl und Butter kross anbraten.
Auf Küchenpapier abtropfen lassen und zum Schluss auf die Suppe geben.
Mit dem Passierstab pürieren und durch ein Sieb passieren. Die Eigelb mit etwas Suppe vermischen.
Suppe wieder auf den Herd stellen. Die Eiermischung einrühren und mit dem Passierstab aufmixen.
Nicht mehr kochen lassen!

In der Zwischenzeit die Garnelen auf das Zitronengras spießen Mit Salz und Pfeffer würzen.
In einer beschichteten Pfanne Butter und Olivenöl erhitzen. Die Spieße auf jeder Seite ca. 2 Minuten kross anbraten.
Dann die Suppe mit Salz und Pfeffer abschmecken und in vorgewärmte Teller geben.
Mit den Ingwerscheiben garnieren und die Garnelenspieße daraufgeben.

Seeteufel Medaillons

in Kerbelsauce mit Spargel à la crème

Zutaten für 4 Personen

8 Medaillons vom Seeteufel à 80 g
Salz und Pfeffer aus der Mühle
4 EL Olivenöl

Für die Sauce

2 EL Butter	*200 g Spargel*
1 Bund frischer Kerbel	*2 Schalotten*
200 ml Fischfond	*2 EL Butter*
200 ml Sahne	*1 TL Zucker*
2 cl Noilly Prat	*200 ml Sahne*
Salz und Pfeffer	*1 EL Butter*

Zubereitung

Seeteufel-Medaillons mit Salz und Pfeffer würzen. In Olivenöl anbraten und im Backofen 5 Minuten bei 140 °C weitergaren.

Butter in einer Kasserolle erhitzen. Schalotten und Zucker zugeben und anschwitzen.
Die Spargelscheibchen zugeben. Mit der Sahne ablöschen. Mit Salz und Pfeffer würzen und vorsichtig köcheln lassen.
Medaillons aus dem Ofen nehmen. Das Fett abschütten. Den Bratensatz mit Noilly Prat und Fischfond ablöschen und auf die Hälfte einreduzieren.
Die Sahne dazugeben und einköcheln lassen bis eine dickflüssige Konsistenz entsteht.
Die Sauce mit kalter Butter aufmontieren und den frisch gehackten Kerbel untermengen.

Spargel auf vorgewärmte Teller geben, die Seeteufel-Medaillons daraufgeben und mit der Kerbelsauce nappieren.

Servieren Sie dazu Frühkartoffeln.

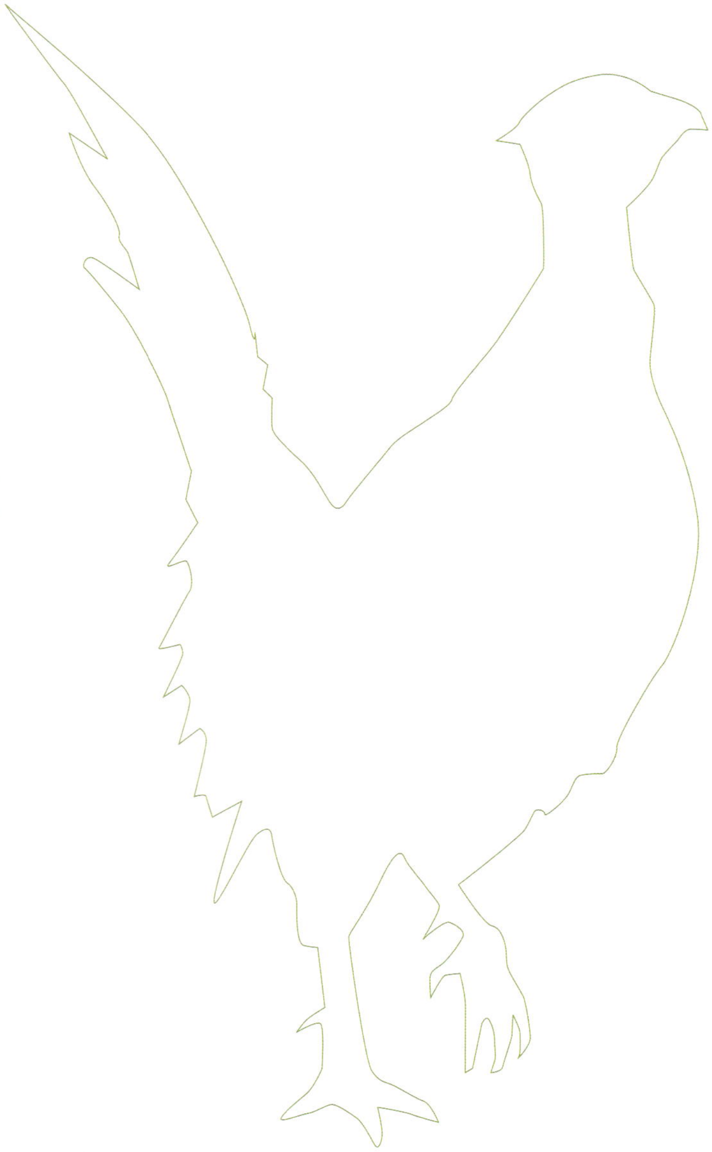

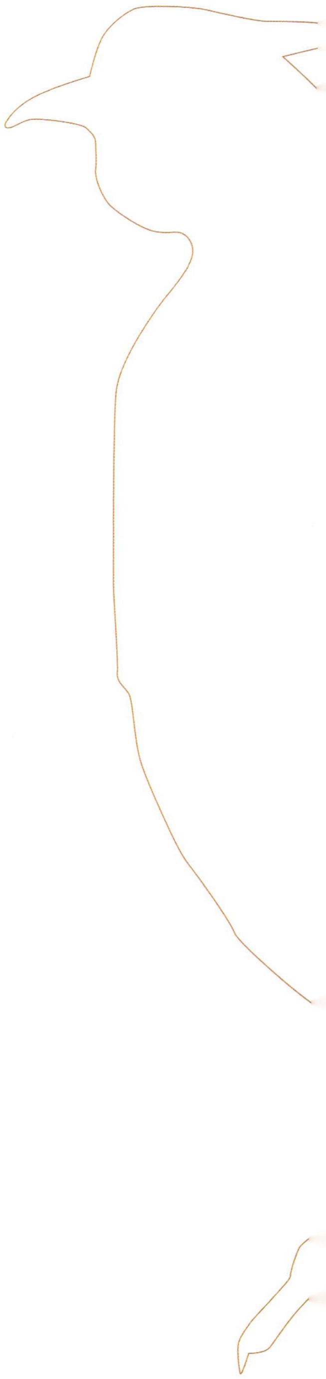

Fasanen**brust**

mit Burgunderpflaumen

Zutaten für 4 Personen

4 Fasanenbrüste
200 ml Rotwein
3 Nelken
1 TL grüner Pfeffer
1 Zimtstange
200 g Trockenpflaumen
2 EL Zucker
100 g Butter
Salz und Pfeffer

Zubereitung

Die Fasanenbrüste salzen, pfeffern und in der heißen Pfanne auf der Hautseite scharf goldbraun anbraten. Umdrehen und nochmals anbraten. Die Brüste aus der Pfanne nehmen.

In einer ofenfesten Form im Backofen zugedeckt ca. 8 Minuten garen lassen.
Das Bratenfett abgießen. Zum Bratensatz Zucker zugeben und leicht karamellisieren lassen.
Mit Rotwein ablöschen.
3 Nelken, den grünen Pfeffer und die Zimtstange zugeben und etwa 5 Minuten einköcheln lassen.
Die Pflaumen in Würfel schneiden und zur Rotweinsauce geben. Darin 3 Minuten mitköcheln lassen.
Die Sauce vom Herd nehmen und mit kalten Butterflöckchen die Sauce aufmontieren.

Die Fasanenbrüste schräg in Scheiben schneiden. Auf vorgewärmte Teller geben und mit der Sauce nappieren.
Als Beilage passt sehr gut ein Rosenkohlpüree.

Fasane haben einen sehr kräftigen Magen. Allerdings scheint dieser doch nicht stark genug zu sein um die Kost zu verdauen, die der Fasan in Feldfluren und Wasserläufen findet.
Um seinem Magen Erleichterung zu verschaffen, schluckt er nach dem Fressen kleine Steinchen.

Wir hoffen, dass Sie nach diesem opulenten Mahl nicht auf diese Verdauungshilfe zurückgreifen werden und die Alternative eines ausgedehnten Waldspaziergangs bevorzugen.

Mousse de limon

mit Sahne und frischen Früchten

Zutaten für 4 Personen

150 g Zucker
4 Eier
Zester und Saft einer grünen Limone
1 Prise Salz
8 Löffelbisquits
Limonenlikör
frische Früchte und Sahne zum Dekorieren

Zubereitung

Eier trennen. Eigelb in eine Metallschüssel geben.
Eigelb mit Zucker und Limonensaft bei geringer Hitze oder auf dem Wasserbad in einer Schüssel aufschlagen bis die Crème dick wird.
Limonenzester untermischen.
Eiweiß zusammen mit dem Salz steif schlagen und unter die Eigelbmasse rühren.

Die Löffelbisquits mit Limonenlikör tränken und in eine Dessertschale geben.
Mit der Limonencrème bedecken und im Kühlschrank kalt stellen.

Kurz vor dem Servieren mit frischen Früchten und Schlagsahne dekorieren.

Riesling Süppchen

mit feinen Lachsklößchen

Zutaten für 4 Personen

400 ml Rheingau-Riesling
400 ml Fischfond
300 ml Sahne
3 Eier
200 g Wildlachs
2 cl Noilly Prat
2 cl Pernod
Salz und Pfeffer aus der Mühle
Dillzweige zum Dekorieren

Zubereitung der Fischklößchen

Lachsfilet säubern und entgräten. In Würfel schneiden und im Mixer mit einem ganzen Ei, 100 ml Fischfond, 100 ml Sahne, dem Noilly Prat, Pernod, Salz und Pfeffer zu einer homogenen Masse mixen.
Diese Masse dann kühl stellen.

Zubereitung der Suppe

In einem Topf den Riesling, 300 ml Fischfond, 200 ml Sahne, Salz und Pfeffer erhitzen und etwa 15 Minuten leise köcheln lassen. Mit einem Teelöffel aus der Fischmasse pro Person 4 kleine Klösschen formen und in der Suppe 4 Minuten ziehen lassen. Dann herausnehmen und auf Küchenpapier warm halten.
Die Eier trennen. Eigelb in die Suppe geben (die Suppe darf nicht kochen!) und mit dem Zauberstab schaumig legieren.

Die Klößchen in vorgewärmte Suppenteller geben und die Suppe darüber gießen.
Mit einem Dillzweig dekorieren.

Zutaten für 4 Personen

1 ganzer Zander ca. 1 kg
oder Zanderfilets mit Haut
8 cl Fischfond
2 EL Butter
3 Schalotten
2 Bund Frühlingszwiebeln
1 Zitrone
100 g fein gewürfelter Speck
frischer Estragon
Olivenöl
Salz und Pfeffer

Zander

an Ragout von Frühlingszwiebel

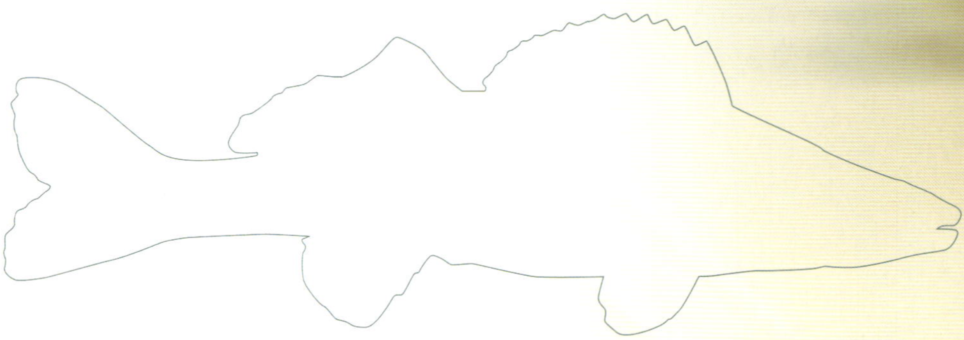

Zubereitung

Zander ausnehmen und filetieren. In 4 gleich große Filets schneiden und trocken tupfen.
Die Zitrone schälen und das Fleisch in Würfel schneiden.
Lauchzwiebel waschen, putzen und in 1 cm große Stücke schneiden.
In einer Pfanne etwas Butter und Olivenöl erhitzen. Die gehackten Schalotten und die Speckwürfel darin anbraten. Die Frühlingszwiebeln dazugeben und mit anschwenken. Etwas Fischfond dazugeben.

In einer anderen beschichteten Pfanne wieder Butter und Olivenöl erhitzen.
Die gesalzenen und gepfefferten Zanderfilets darin kross anbraten.
Kurz vor Schluss die Zitronenwürfel und den Estragon zugeben.

Das Frühlingszwiebelragout auf vorgewärmte Teller geben, darauf die Zanderfilets legen und mit der Zitronen-Estragon-Butter übergießen.

Feine Wachtelbrüstchen

mit Kumquats-Confit

Zutaten für 4 Personen

8 Bresse-Wachtelbrüste
frischen Rosmarin
200 g Kumquats
1-2 EL Zucker
100 ml Weißwein
3 EL Orangenlikör
1 EL Grenadine-Sirup

Olivenöl zum Anbraten
Salz und Pfeffer aus der Mühle

Zubereitung

Wachtelbrüstchen eventuell noch von feinen Federkielen säubern.
Kumquats in Viertel schneiden. In einer Kasserolle Zucker karamellisieren.
Die Kumquats zugeben, mit etwas Weißwein ablöschen und einköcheln lassen.
Orangenlikör und Grenadine-Sirup zugeben und weiter einköcheln.

Die Wachtelbrüste salzen, pfeffern und mit dem frischen Rosmarinnadeln auf beiden Seiten in heißen Olivenöl anbraten. Im Backofen 5 Minuten bei 150 °C weiter braten.

Kumquats-Confit auf vorgewärmten Tellern verteilen und mit den Wachtelbrüstchen belegen.

Servieren Sie dazu ein feines, in Butter gebratenes Gemüsejulienne aus z.B. Kaiserschoten, Stangensellerie oder Lauch.

Panna Cotta

auf Fruchtspiegel

Zutaten für 6 Personen

500 ml Sahne
250 ml Milch
etwas Zimtpulver
ein Stück Zitronenschale
2-3 EL Zucker
8 Blatt Gelatine

Zutaten für die Sauce

500 g reife Früchte (z.B. Erdbeeren oder Himbeeren)
3 EL Zucker

Zubereitung

Sahne und Milch mit Zimt, Zitronenschale und Zucker einige Minuten im offenen Topf köcheln, damit etwas Flüssigkeit verdampfen kann. Dann durch ein Sieb filtern.
Die eingeweichte Gelatine darin auflösen.
In Portionsförmchen verteilen und abkühlen lassen.

Die Früchte mit dem Zucker kurz aufkochen, passieren und abkühlen lassen.

Dann die Sauce als Spiegel auf Teller verteilen und die Panna Cotta darauf stürzen.

Sie können die Panna Cotta geschmacklich abwandeln, wenn Sie statt Zimt frische Vanilleschoten mitkochen.

Salat von Patagonia-Shrimps

und Kaiserschoten in Ingwer-Vinaigrette

Zubereitung

Kaiserschoten in Salzwasser 3 Minuten bissfest kochen und in sehr kaltem Wasser abschrecken.

Für die Vinaigrette

Ingwer, Basilikum, Nussöl, Olivenöl, Weißweinessig, Salz und Pfeffer vermischen.
Dann die Shrimps dazugeben.

Die Kaiserschoten sternförmig auf die Teller verteilen. Den Shrimpssalat daraufgeben und mit Basilikumblättern und Kirschtomaten dekorieren.

Zutaten für 4 Personen

200 g Patagonien-Shrimps
200 g Kaiserschoten
50 g Ingwer
4 EL gehacktes Basilikum
2 EL Nussöl
3 EL Olivenöl
3 EL Weißweinessig
Salz und Pfeffer
Kirschtomaten zum Dekorieren

Harmonie von Wachtel **und Wildlachs**

auf Sternanisschaum

Zutaten für 4 Personen

4 Stück ausgelöste Wachteln
200 g Wildlachsfilet
1 Bund Basilikum
2 Knoblauchknollen
100 ml Fischfond
8 cl Noilly Prat
250 ml Sahne
4 Sternanis
etwas Butter
Salz und Pfeffer aus der Mühle

Zutaten für die Beilage

klein tourniertes Gemüse z.B. Kartoffel, Karotte, Zucchini, Kohlrabi, Rübchen usw.

Zubereitung

Die Wachtelbrüste salzen und pfeffern.
Eine dünne Scheibe Wildlachs (Größe entsprechend der Wachtelbrüste) zuerst etwas salzen und mit Basilikumblättern belegen und zwischen die beiden Wachtelbrüste legen. Dann kleine Alupäckchen daraus machen.
Die Päckchen in Olivenöl auf beiden Seiten scharf anbraten. Die Wachtelkeulchen und die halbierten Knoblauchknollen mit anbraten und im Backofen 10 Minuten bei 200 °C weitergaren lassen.

In der Zwischenzeit wird Fischfond und Noilly Prat auf die Hälfte einreduziert.
Sternanis und Sahne zugeben und weiter köcheln bis eine schön sämige Konsistenz erreicht ist.
Sternanis entfernen. Mit Salz und Pfeffer abschmecken. Butter zugeben und mit dem Zauberstab schaumig schlagen.

Die Sternanisschaumsauce auf vorgewärmte Teller geben. Die Wachtelbrüste aus der Alufolie nehmen und in die Mitte der Teller legen. Mit den Keulchen und den Knoblauchknollen dekorieren.
Zum Schluss noch ein Basilikumzweig als Dekoration darauf legen und sofort servieren.
Dazu passt sehr gut in Butter geschwenktes Gemüse.

Zutaten für 4 Personen

4 Kaninchenrückenfilet
8 EL gewürfelte Backpflaumen
4 EL Rotwein
Salz und Pfeffer aus der Mühle
3 EL Dijonsenf
1 Eigelb
2 EL Cognac
2 EL gehackter Rosmarin
4 EL Olivenöl

Zutaten für die Sauce

2 EL Butter
1 TL Zucker
6 EL Rotwein
1 EL Dijonsenf
8 EL Crème fraiche

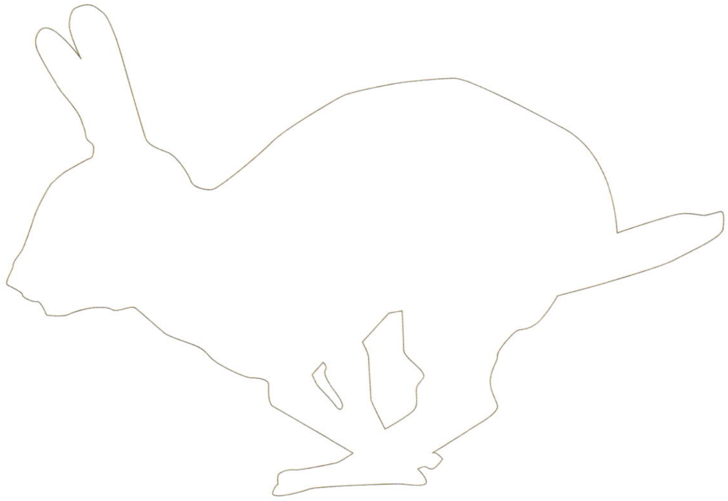

Kaninchen Roulade

mit Backpflaumen in Rotwein-Senfsauce

Zubereitung der Roulade

Die Backpflaumen in Rotwein einweichen.

Für die Kaninchenrouladen das Kaninchenfilet vorsichtig flach klopfen. Salzen und pfeffern.
Senf, Eigelb und Cognac miteinander verrühren. Mit Rosmarin, Salz und Pfeffer würzen. Die Pflaumen aus dem Rotwein nehmen, abtropfen lassen und untermischen. Die Füllung auf das Fleisch geben. Roulade aufrollen und fest in einem Stück Alufolie einwickeln.
Olivenöl in einer Pfanne erhitzen. Die Rouladen darin scharf anbraten und 15 Minuten bei 180 °C im Backofen weitergaren.

Zubereitung der Sauce

Butter in einer Pfanne bei schwacher Hitze sanft erhitzen. Den Zucker zugeben und unter ständigem Rühren hell karamellisieren.
Mit Rotwein ablöschen und etwas einkochen lassen. Senf und Créme fraiche mit einem Schneebesen unterrühren.
Die Sauce kurz leise kochen lassen und von der Kochstelle nehmen.
Die kalte Butter mit einem Schneebesen unter die Sauce schlagen.

Die Rouladen aus der Folie nehmen und schräg in Scheiben schneiden.
Die Sauce auf die vorgewärmten Teller verteilen und die Rouladenscheiben fächerartig darauf anrichten.
Dazu passt sehr gut ein cremiges Kartoffelpüree.

Frischkäse Mousse

auf roten Paprika-Coulis

Zutaten für 4 Personen

250 g Frischkäse
200 g Crème fraîche
Currypulver

1 große rote Paprikaschote
2 EL gehackte Schalotten
Pernod
200 ml Fischfond
100 g Sahne
100 g Butter
Olivenöl
Salz und Pfeffer aus der Mühle
frisches Basilikum zum Dekorieren

Zubereitung

Die Paprikaschoten in kleine Würfel schneiden und in Olivenöl mit den gehackten Schalotten anbraten.
Mit Pernod und Fischfond ablöschen und leise köcheln lassen.
Sahne zugeben und weiter einreduzieren lassen. Mit Salz und Pfeffer würzen
Durch ein Sieb streichen. In eine Kasserolle geben. Mit kalter Butter aufmontieren.
Den Coulis dann zur Seite stellen.
Für das Frischkäse-Mousse den Käse mit Crème fraîche, Currypulver, Salz und Pfeffer vermengen.

Den abgekühlten Coulis auf große Teller verteilen. Aus dem Frischkäse-Mousse Nocken ausstechen und auf dem Coulis anrichten. Mit frischen Basilikum-Blättern garnieren.

Zutaten für 4 Personen

2 Äpfel
2 EL brauner Zucker
1 EL Butter
4 cl Calvados
Saft einer Zitrone

100 g Mehl
1 EL Kakao
1 EL gemahlene Mandeln
3 Eier
200 ml Milch
3 EL Zucker
Pflanzenöl zum Ausbacken
Frische Minzblätter zum Garnieren

Schokoladen Pancakes

mit Calvados-Apfel

Zubereitung

Die Äpfel schälen, halbieren und das Kernhaus vorsichtig entfernen.
Dann in 4 mm dicke Spalten schneiden.
In einer beschichteten Pfanne Butter und Zucker geben und auflösen lassen.
Mit Calvados und Zitronensaft ablöschen.
Sofort die Apfelspalten zugeben und 1 Minute schwach köcheln.
Den Topf von der Herdplatte ziehen und noch etwas nachziehen lassen.

In der Zwischenzeit den Teig zubereiten. Dazu werden Mehl, Kakao, Mandeln, Eier, Milch und Zucker gut verrührt. Etwas Öl in einer beschichteten Pfanne erhitzen und pro Pancake 1 Esslöffel Teig in die Pfanne geben und bei mittlerer Hitze auf beiden Seiten je 3 bis 4 Minuten goldbraun backen.

Die Pancakes auf Teller geben und mit den Calvados Apfelspalten anrichten. Mit je einem schönen Minzzweig garnieren. Dazu passt hervorragend mit Zimt vermischte Schlagsahne.

Seezungenröllchen

auf Paprikaschaum

Zutaten für 4 Personen

8 Seezungenfilets
je 1 kleine rote und grüne Paprikaschote
200 ml Fischfond
100 g Butter
Olivenöl
Salz und Pfeffer aus der Mühle
Dillzweige zum Dekorieren

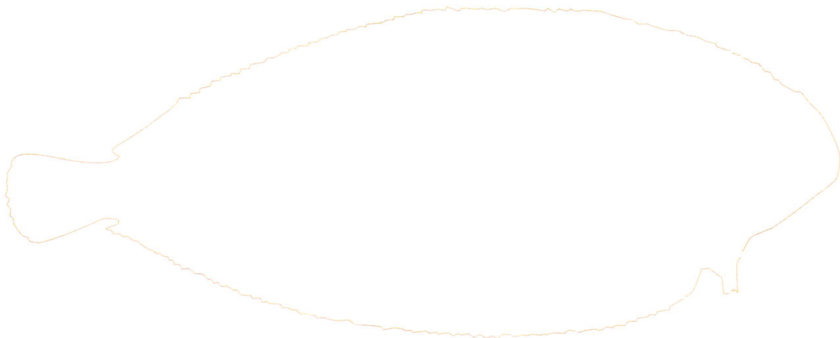

Zubereitung

Die Paprikaschoten mit Sparschäler abschälen. Entkernen und getrennt im Mixer mit etwas Fischfond pürieren. Durch ein Sieb streichen, in eine Kasserolle geben und einreduzieren lassen.

Die Seezungenfilets aufrollen und mit einem Zahnstocher festmachen. Salzen und pfeffern.
In Olivenöl anbraten und 8 Minuten bei 150 °C im Backofen fertig garen lassen.

Die einreduzierte Paprikasauce mit kalter Butter aufmontieren. Salzen, pfeffern und mit dem Zauberstab schaumig aufschlagen.

Die beiden Spiegel auf die vorgewärmten Teller aufbringen. Die Seezungenröllchen darauf in der Mitte anrichten und mit einem Dillzweig dekorieren.

Servieren Sie dazu Broccoli-Mousse.

Schweinefilet

mit Rotwein-Äpfeln an fruchtiger Karamellsauce

Zutaten für 4 Personen

2 geputzte Schweinefilets
4 EL Zucker
250 ml Rotwein
4 EL Rotweinessig
4 EL rotes Johannisbeergelee
4 Äpfel
4 Thymianzweige
Pflanzenöl zum Braten
Salz und Pfeffer aus der Mühle
1-2 EL gehackte Walnüsse

Zubereitung

Die Äpfel halbieren, vom Kernhaus befreien und in große Stücke schneiden.
In einer Kasserolle 2 EL Zucker karamellisieren.
Die Äpfel zugeben und mit der Hälfte des Rotweins ablöschen. Ca. 5 Minuten köcheln lassen.

Für die Karamellsauce den restlichen Zucker in eine Kasserolle geben und ebenfalls leicht karamellisieren lassen.
Mit den restlichen Rotwein und Essig ablöschen. Das Johannisbeergelee zugeben. Salzen und pfeffern
Weiterköcheln bis eine sämige Konsistenz erreicht ist.

Die Schweinefilets in Öl rundherum anbraten. Salzen und pfeffern. Thymianzweige mit anbraten.
Danach im vorgeheizten Backofen 10 Minuten bei 200 °C fertigbraten.

Rotweinäpfel auf vorgewärmte Teller in die Mitte geben. Schweinefilet schräg schneiden und auf die Äpfel geben.
Mit der Sauce überziehen und mit den gehackten Walnüssen überstreuen.

Ricotta-Mascarpone Mousse

auf Himbeercoulis

Zutaten für 4 Personen

250 g Ricotta
250 g Mascarpone
1 Vanilleschote
80 g Zucker
4 cl Grappa
100 g Sahne

Zutaten für die Sauce

500 g reife Früchte, z.B. Erdbeeren oder Himbeeren
3 EL Zucker

Zubereitung

Ricotta und Mascarpone cremig rühren.
Die Vanilleschote aufschneiden und auskratzen.
Das Vanillemark zusammen mit Zucker und Grappa zur Ricotta-Mascarpone Crème geben und gut vermengen.
Die Sahne schlagen und vorsichtig mit einem Schneebesen unterheben.

Die Mousse zugedeckt im Kühlschrank 3 Stunden ruhen lassen.
Die Früchte mit dem Zucker kurz aufkochen. Passieren und abkühlen lassen.

Dann als Spiegel auf Teller verteilen und die Ricotta Mousse darauf stürzen.

Foie gras

leicht gebraten mit Confit von Feige

Zutaten für 4 Personen

200 g Foie gras von Ente oder Gans
4 frische Feigen
200 ml Portwein
2 EL Balsamico
1 EL Butter
Zucker
Saft einer Orange
Brunoise von der Orangenschale
Salz und Pfeffer

Zubereitung

In einer Pfanne Butter und Zucker hell karamellisieren.
Brunoise und Orangensaft zugeben und etwas einköcheln lassen.
Die Feigen in Würfel geschnitten dazugeben.
Mit Portwein und Balsamico ablöschen und weiter leise köcheln lassen.
Die Feigen sollen nicht zerkochen.

Foie gras in vier Scheiben schneiden. Mit Salz und Pfeffer würzen.
In einer heißen, beschichteten Pfanne auf beiden Seiten ganz kurz anbraten.

Das Foie gras auf Teller geben und mit dem Feigen-Confit anrichten.

Die Gans ist ein sehr geselliger und fürsorglicher Vogel.
Letzteres trifft insbesondere auf die Brutpflege zu.
Alles was in der Nähe ihres Nestes zu finden ist und eine kugelähnliche Form aufweist, akzeptiert die Gans als ihre Eier.
Sie ist deshalb sehr anfällig für Kuckuckskinder.
Dieses Versehen wird sich aber spätestens dann aufklären, wenn die Gans auf Ihrem Teller eine gewisse Größe unterschreitet.

Kürbissuppe

mit Ingwer und gerösteten Kürbiskernen

Zutaten für 4 Personen

500 g Kürbisfleisch
2 kleine Kartoffeln
2 kleine Karotten
1 Zwiebel
1 Stück Ingwer
1 Prise Zimt
1 TL Zucker
2 EL Butter
500 ml Geflügelbrühe
1 Becher Sahne
Salz und Pfeffer
4 EL Kürbiskerne
4 EL Crème fraîche

Zubereitung

Kürbis schälen, außer dem Hokkaido Kürbis. Diesen mit der Schale verwenden.
Kürbisfleisch in kleine Stücke schneiden. Ebenso die geschälten Kartoffeln und Karotten.
Ingwer schälen und klein würfeln.
Butter in einem Topf erhitzen und die Zwiebel darin glasig dünsten. Kürbis-, Kartoffel- und Karottenstücke dazugeben und gut rühren. Ingwer und Gewürze zugeben. Mit der Geflügelbrühe ablöschen.
Mit geschlossenem Deckel 15 Minuten leise köcheln lassen.
Sahne zugeben und zusammen noch etwas einköcheln.

In einer beschichteten Pfanne die Kürbiskerne leicht anrösten.

Die Suppe mit dem Passierstab pürieren. In vorgewärmte Teller geben, mit den Kürbiskernen bestreuen und mit je einem Tupfer Crème fraîche garnieren.
Man kann die Suppe noch mit einer Einlage aus Krabben oder Parmaschinkenstreifen variieren.

Zutaten für 4 Personen

4 Rinderfilet à 150 g
2 EL Zucker
24 Schalotten
200 ml Balsamico
500 ml Rotwein
Butter
Olivenöl
Basilikumblättchen zum Dekorieren

Rinderfilet

an Rotwein-Schalotten

Zubereitung

In einem Topf den Zucker karamellisieren lassen. Die geschälten, ganzen Schalotten zugeben und gleich darauf mit Balsamico und Rotwein ablöschen.
Etwa 20 Minuten köcheln lassen bis eine schöne dickliche Sauce entstanden ist. Mit Salz und Pfeffer würzen.

Die Rinderfilets in Olivenöl und Butter von beiden Seiten 3 bis 4 Minuten anbraten. Salzen und pfeffern.

Die Rinderfilets auf vorgewärmte Teller verteilen und mit den Rotwein-Schalotten anrichten.
Als Beilage servieren Sie ein Kartoffelgratin und Gemüse der Saison.

Tarte Tatin

mit Crème fraîche

Zutaten für 4 Personen

4 Äpfel
2 dl Williamsbirnen Schnaps
50 g Butter
100 g Zucker
100 g Crème fraîche
1 Vanilleschote

Zutaten für den Zuckerteig – Mürbeteig

50 g Zucker
50 g Butter
2 Eigelb
Schale einer Zitrone
100 g Mehl

Zubereitung

Die Äpfel schälen und vierteln. Die Innenseite mit Schnaps beträufeln und 1 Stunde marinieren.
Eine Tarteform mit 50 g Butter bestreichen. Den Zucker in einer Pfanne braun karamellisieren und über die Butter verteilen. Die Äpfel eng aneinander auf das Karamel legen.

Für den Teig Butter, Zucker, Eigelb und geriebene Zitronenschale vermischen und das Mehl einarbeiten. An einem kühlen Ort ruhen lassen.
Anschließend den Teig auf die Größe der Kuchenform ausrollen, auf die Äpfel legen und im Ofen 30 Minuten bei 160 °C backen.

Die Crème fraîche mit dem ausgekratzten Vanillemark verrühren.

Die Tarte stürzen und noch warm mit der Vanille Crème fraîche servieren.

BRAGARD

Patrick Coudert

Sternstunden eines Meisterkochs

- *1972 Kochausbildung bei Paul Bocuse in Lyon*
- *seit 1974 tätig in Osaka, London, New York, Montreal, Düsseldorf*
- *seit 1980 Fernsehkoch für verschiedene Sender*
- *seit 1985 Privatkoch für ausgewählte Prominente*
- *seit 1990 Buchautor mit mehreren Veröffentlichungen*
- *seit 2000 das erste Kochstudio in Raubling bei Rosenheim*
- *seit 2004 das zweite Kochstudio, jetzt in München*
- *seit 2005 eröffnet das dritte Studio in Saint Remy de Provence, Süd-Frankreich*
- *seit 2006 Fernsehkoch mit einstündiger Sendezeit*

Inhalt

Impressum:

Patrick Couderts KÖSTLICHKEITEN

ISBN 3-9810849-1-8
ISBN 978-3-9810849-1-7

1. Auflage

Projektleitung und Herstellung:
Tinto-Verlag, Hannover

Gestaltung: Marcus Zimmermann, deluzi, Berlin
deluzi - das Kreativbüro für zwei- und dreidimensionale Gestaltung entwickelt Drei-Sterne-Lösungen für Kommunikation.
www.deluzi.de

Photos: André Chales de Beaulieu, Hannover
Photograph für Food und Medizin. Food: Vom Schauen zu Genuss und Appetit.
Medizin: Vom Blick aufs Detail zu Wissen und Klarheit.
www.photo-cdb.de

Druck: BWH GmbH, Hannover

Die Angaben und Ratschläge in diesem Buch sind vom Autor sorgfältig recherchiert und vom Verlag geprüft worden. Dennoch können weder der Autor noch der Verlag eine Garantie für die Angaben in dem Buch übernehmen, eine Haftung für Personen-, Sach- und Vermögensschäden ist ausgeschlossen.